Happy
Meditation

Happy
Meditation

Aktiviere dein Potenzial und nutze
die Kraft der Meditation
für ein erfülltes Leben voller Freude

Ein Buch für Anfänger und Skeptiker

Copyright © 2018

Autorin & Herausgeberin: Nicole Wendland
Herstellung und Verlag: BoD - Books on Demand, Norderstedt
Korrektorat, Layout & Coverdesign: Susanne Düchting, die textacademy
Titelfoto: Klaus Baartz, Warburg

ISBN: 9783748118749

www.nicolewendland.de

Bibliografische Information der Deutschen Nationalbibliothek:
Die Deutsche Nationalbibliothek verzeichnet diese Publikation in der
Deutschen Nationalbibliografie; detaillierte bibliografische Daten sind im
Internet über http://dnb.dnb.de abrufbar.

Inhalt

Was dich in diesem Buch erwartet

Vielleicht hast du das Buch in der Hand, weil du mehr über Meditation wissen willst. Möglicherweise willst du der Magie auf die Spur kommen, die alle der Meditation zuschreiben. Jeder, der etwas auf sich hält, scheint zu meditieren. Erfolgreiche spirituelle Menschen, aber auch immer mehr Sportler, Geschäftsleute, Schauspieler und dergleichen meditieren.

Oder du meditierst schon länger und möchtest mehr über die Hintergründe erfahren. All das wirst du in diesem Buch entdecken. Du wirst zum Experten deiner eigenen Meditation und deines eigenen Lebens. Anders gesagt, die Mediation ist ein hervorragendes Coachingtool. Sich selbst zu coachen bedeutet, dass du etwas in deinem Leben verändern willst. Du willst den Istzustand verändern und mit diesem Buch bekommst du ein enorm wirkungsvolles Handwerksmittel an die Hand.

Meditation bildet die Brücke für dein Leben jetzt und für das, was du anstrebst. Was willst du verändern?

Willst du
• entspannter sein?
• gelassener sein?
• selbstbewusster sein?
• selbstbestimmter sein?
• mehr Lebensfreude?
• mehr Spaß?
• ein Gefühl von Sicherheit?
• ein Gefühl von Fülle?
• weniger Sorgen, Ängste, Ärger?
• dich lebendiger, gesünder, vitaler fühlen?

Kurz: Willst du dich in deiner Haut so richtig wohlfühlen? Do you want to be yourself?

In diesem Buch werde ich alles anhand von Fallbeispielen erklären. Diese Fälle gibt es wirklich, aber die Personen selbst gibt es nicht. Ich habe die Geschichten und die Erfahrungen der Menschen, die zu mir ins Coaching, in meine Kurse und Workshops kommen verwoben. Solltest du also das Gefühl haben, ich erzähle aus deinem Leben, dann ist das rein zufällig und nicht beabsichtigt. Die Menschen, von denen ich hier erzähle, gibt es so nicht. Ich habe nur die Erlebnisse und Erfahrungen in einen anderen Kontext gebracht.

Die einzige Ausnahme bilden meine eigenen Erlebnisse. Immer wenn ich von mir erzähle, dann erfährst du ein Stück meiner persönlichen Erlebnisse, die auch genauso stattgefunden haben.

Manchmal wirst du den Eindruck haben, dass ich mich wiederhole. Das mache ich sehr bewusst. Bestimmte Inhalte sind so wichtig und essenziell, dass ich sie in unterschiedlichen Zusammenhängen erzähle und mit verschiedenen Beispielen belege. Aus eigener Erfahrung weiß ich, dass manchmal erst der dritte Erklärungsversuch oder das dritte Beispiel zum Aha-Effekt führt. Dieser Aha-Effekt ist die Voraussetzung für einen Perspektivenwechsel. Dafür, dass sich eine neue Tür öffnen kann. Das ist der Mindshift. Durch diese Tür kannst du heraustreten aus deiner Blackbox.

Deine Blackbox bildet den Rahmen für all das, was du jetzt bist und was du zu sein glaubst. Die Blackbox hat sich durch all deine Erlebnisse, Erinnerungen, Erfahrungen, Überzeugungen und Glaubenssätze geformt. Diese Blackbox ist im schlechtesten Fall geschlossen.

Dass sie geschlossen ist, erkennst du an Gedanken wie: Es wird sich eh nichts ändern. Menschen bzw. Umstände ändern sich eben nicht. So, wie es jetzt ist, wird es immer weiter gehen. Der Aha-Effekt bewirkt also, dass sich eine Tür öffnet. Diese Tür wird dir zeigen, dass es doch noch etwas anderes gibt. So, wie viele von uns aufgewachsen sind, haben wir das Gefühl vermittelt bekommen, es gäbe einen bestimmten Weg, sein Leben als Frau/Mann/Mutter/Vater/Arbeitnehmer/Freund/Freundin führen zu müssen.

Manchmal sind es die ganz großen Überzeugungen, wie beispielsweise „Frauen sollten Kinder kriegen!" oder „Männer sind in der Familie die Hauptverdiener!" Manchmal sind es aber auch ganz subtile Überzeugungen, wie „Mittags essen wir warm!" oder „Schokolade zum Frühstück? Never!" Und manchmal sind es scheinbar ganz allgemein akzeptierte Überzeugungen, wie „Erst die Arbeit, dann das Vergnügen!" oder „Wenn ich Geburtstag habe, muss ich meine Freunde einladen. Schließlich laden sie mich auch immer ein!"

In diesem Buch wirst du erfahren, wie du dich von diesen Überzeugungen lösen kannst und damit die Tür zu deiner Blackbox öffnest. Du wirst schnell merken, dass es auch für dich viele Möglichkeiten gibt, wie du dein Leben führen könntest.

Lasse dich auf diesen Perspektivenwechsel ein – auf diesen Mindshift. Lasse alles hinter dir, was du über Meditation zu wissen meinst. Öffne dich für neue Erkenntnisse.

Fälle dein Urteil erst, wenn du das Buch gelesen und die Meditationen ausprobiert hast. Und Achtung: Es reicht nicht etwas zu wissen, du musst es auch umsetzen. Am Ende des Buches werde ich dir meine Geschichte erzählen. Du kannst das Kapitel jetzt gleich lesen und dich dadurch motivieren lassen. Oder du liest es tatsächlich zum Schluss. Dann hast du das nötige Hintergrundwissen, um zu verstehen, wie es bei mir zu den Veränderungen kommen konnte.

Mache dich nun mit mir auf die Reise. Tauche ein in ein Meer voller Möglichkeiten.

Und nun zu dir

Eigentlich führst du ein bewusstes Leben. Du ernährst dich einigermaßen gesund, wählst deine Freunde sorgfältig aus und lebst in finanziellen Verhältnissen, die für dich in Ordnung sind. Du verstehst dich mit den meisten deiner Mitmenschen ganz gut und bist jemand mit dem man gut auskommen kann. Du hast dich vielleicht schon mal mit Yoga beschäftigt oder mit anderen Richtungen wie Tai Chi oder Chi Gong. Dir ist bewusst, dass jeder etwas für sich tun sollte: Sport und Entspannung. Deine Familie ist dir wichtig und du bietest anderen gerne deine Hilfe an. Du interessierst dich für das Leben deiner Mitmenschen und ihre Belange. Politisch bist du aufgeschlossen und liberal. Gesellschaftliche Themen interessieren dich und es gibt auch hier Bereiche, über die du dich gerne unterhältst.

Kurz: Du stehst mitten im Leben. In einem Leben, das von außen betrachtet kaum etwas vermissen lässt. Und doch treibt dich etwas um. Da ist etwas, das wie ein Schatten auf deiner Seele liegt.

Wie du das Buch nutzt

Du kannst das Buch von vorne bis hinten lesen und die einzelnen Meditationen nach und nach praktizieren. Im letzten Kapitel erkläre ich dir ganz ausführlich, wie genau die Meditation neurobiologisch funktioniert. Dazu passend gibt es die Meditation zum Runterladen. Den Link dazu findest du am Ende des Kapitels. Du kannst sie bequem auf dein Handy laden und von überall hören. Durch die Meditationen, die du in diesem Buch findest, wirst du an die letzte Meditation herangeführt und bist mit der Art und Weise der inneren Einkehr vertraut. Im letzten Kapitel erfährst du meinen Weg zur Meditation.

Eine andere Möglichkeit ist, dass du die letzten beiden Kapitel zuerst liest. Du kannst auch die letzte Meditation von Anfang an herunterladen und praktizieren. Dann aber solltest du die einzelnen Kapitel nacheinander lesen, denn sie bauen aufeinander auf.

Zwischendurch habe ich noch kleine meditative Übungen eingestreut. Sie bilden Anregungen für deinen Alltag.

Du erkennst sie an diesem Symbol 🎧
Bei den Aufgaben zum Aufschreiben findest du dieses Symbol ✍

Ich habe eine Meditation für dich zum Anhören eingesprochen. Du kannst sie dir kostenlos herunterladen. Eine genaue Beschreibung dazu findest du im vorletzten Kapitel „Was passiert während der Meditation"

> Hier findest du die Happy Meditation als MP3:
> https://www.nicolewendland.de/mein-buch/
> Passwort: deinemeditation

Dein Schatten weist dir den Weg

Dieser Schatten begleitet dich überall hin. Manchmal versuchst du ihn auszublenden durch Ablenkung: Sport, ein Gläschen Wein, das eine oder andere Stück Schokolade, die Tüte Chips, das teure Essen im Restaurant, den nächsten Urlaub, noch einen Urlaub, den Wochenendtrip mit Freunden, die Party, den tollen Film, das superschöne Konzert, der geniale Workshop, die interessanten Gesprächspartner. Du reist in die Ferne, immer weiter. Doch der Schatten kommt immer wieder. Nein, eigentlich kommt er nicht wieder, sondern ist immer da. Nur schaffst du es hin und wieder ihn auszublenden, manchmal jedoch scheint er anschließend noch stärker auf dir zu lasten. Wie die Schmerzen, die durch die Schmerztablette zwar ausgeblendet werden, aber dennoch da sind und mit dem Abklingen der Schmerztablette stärker als vorher zu sein scheinen. Trotz der Schmerztablette sind die Schmerzen da, du fühlst sie nur nicht mehr, denn sie sind betäubt.

So ist es auch mit deinem Schatten. Du tust alles Mögliche, um ihn nicht mehr zu spüren. Sport, Filme, Essen, soziale Medien, Freunde, Alkohol, Tabak und vieles mehr – sie sind wie die Schmerztablette, sie lassen dich den Schatten nicht mehr fühlen. Solltest du dem Schatten einen Namen geben, so müsstest du vielleicht erst mal darüber nachdenken, denn du beschäftigst dich nicht gern mit deinem Schatten: Unzufriedenheit, Angst, Widerstand. So fühlt sich dieser Schatten an, dennoch ist es ein unbestimmtes Gefühl. Eigentlich ist ja alles gut. Du hast Grund genug zufrieden zu sein, es gibt kaum etwas, wovor du dich wirklich ängstigen musst, es gibt keine akute Gefahr. Warum da dieses Gefühl von Widerstand ist, weißt du auch nicht.

Vielleicht fragst du dich gerade: „Habe ich wirklich diesen Schatten?" Möglicherweise hast du noch gar nicht darüber nachgedacht und ein kleiner Widerstand bäumt sich auf, weil ich dir gerade einen vermeintlichen Floh ins Ohr gesetzt habe? Bis jetzt kanntest du diesen Schatten noch nicht und nun mache ich dich auf einmal mit ihm bekannt? Falls du gerade bemerkst, dass es bei dir diesen Schatten nicht gibt, dann wird dir dieses Buch einiges über die Schatten anderer Menschen erzählen, aber du wirst auch jede Menge über Meditation lernen.

Lerne dich kennen

Die Meditation wird dir helfen, dich besser kennenzulernen. Meditation ist eine Reise nach innen. Egal, ob du den Gedanken an deinen Schatten magst oder nicht, die Meditation und all das was hinter ihr steckt, wird dir helfen, deinem wahren Selbst auf die Spur zu kommen.

Wir alle haben Schatten. Schatten sind Seiten an uns, die wir nicht mögen und gerne ausblenden: Unsere Unpünktlichkeit, unsere Unordentlichkeit (die sich vielleicht nur noch in der einen unaufgeräumten Schublade äußert), dass wir uns schnell aufregen und doch nicht so sanftmütig sind, wie wir meinen. Unser Schatten ist so individuell, wie wir selbst sind. Er äußert sich aber auch in Gefühlen, die wir gerne ausblenden. Dieses kleine nagende Gefühl der Unzufriedenheit, das wir gar nicht weiter benennen können. Diese kleine Flamme der Angst, die wir vergeblich auszulöschen versuchen. Dieser Widerstand, der sich in den unmöglichsten Situationen wie ein umgeknickter Grashalm aufrichtet.

Was steckt hinter dieser Unzufriedenheit, der Angst oder unserem Widerstand? Da wo das Licht ist, ist unser Bewusstsein. All das, was wir bewusst wahrnehmen, die Entscheidungen, die wir bewusst treffen oder die Worte, die wir bewusst sprechen – all das steht im Lichtkegel. Im Schatten stehen die Gefühle, die wir wegdrücken, weil sie nicht sein dürfen. Die Träume, für die gerade keine Zeit ist. Die Wünsche, die hintenangestellt werden müssen. Die Erinnerungen, die Schmerzen. Im Schatten kann auch ein Vulkan liegen, der durch einen Funken explodieren könnte. Wir haben Angst, dass dieses BÄM unser Leben so verändern könnte, dass alles Gewohnte verschwindet. Die Angst, dass wir dann nicht mehr VOR der Entscheidung stehen etwas zu verändern, sondern, dass alles bereits entschieden ist. Im Grunde genommen bestehen unsere Schatten aus vielen potenziellen kleineren und größeren Vulkanen. Und wir haben Angst, dass diese vielen kleineren und größeren BÄMs uns selbst und unsere Mitmenschen so verschrecken, dass uns keiner mehr mag. Vielleicht haben wir auch Angst davor, dass wir uns dann selbst nicht mehr mögen. Dass wir uns fremd sind.

Was passiert, wenn einer dieser Vulkane explodiert?

Wie können wir uns dieses BÄM vorstellen? Ich bin sicher, du hast schon oft erlebt, dass ein Vulkan bei dir selbst oder bei deinen Mitmenschen explodiert ist:

- Jemand trennt sich auf einmal vom Partner und keiner weiß so recht warum. Sie waren doch das Traumpaar.

- Die Bekannte, die so krank wurde, obwohl sie doch so auf ihre Gesundheit geachtet hat.
- Der Nachbar, der plötzlich verstarb. Stand er nicht noch mitten im Leben?
- Die Kollegin, die kündigt. Hatte sie nicht immer betont, wie sehr sie ihre Arbeit liebt?
- Der Vorgesetzte, der nicht mehr zur Arbeit erscheint, weil er ein Burn-out hat.
- Die Mutter, die nur noch schreit und schimpft. Warum ist sie nur so hysterisch? Eigentlich war sie doch immer so ausgeglichen und der ruhende Pol der Familie.
- Der Vater, der nur noch seine Ruhe haben will, den jedes kleine Problem zum HB-Männchen werden lässt.
- Die gemeinsame Freundin, die über Wochen in irgendeiner Klinik ist – irgendwas Psychisches.
- Der Kumpel, der sich immer mehr zurückzieht und zur Spaßbremse wird. Er, der immer gut drauf war. Bis jetzt.
- Die Ehefrau, Mutter, Tochter, Schwiegertochter, die ständig krank ist und nun all ihren Verpflichtungen gar nicht mehr nachkommen kann. Sie war doch der Engel, der Licht in das Leben anderer brachte.
- Die Frau, die morgens nicht mehr aus dem Bett kommt, weil sie sich vor dem Tag fürchtet. Alle kennen sie als die Macherin.
- Der Jugendliche, der nur noch Party macht und tagsüber im Bett liegt. Er, der immer gut in der Schule war und seinen Eltern Freude bereitet hat.

Das sind die kleineren und größeren Vulkane, die explodiert sind. Es sind meist nur die BÄMs, die wir wahrnehmen. Das Brodeln, gluckern, die Hitze, das Hochkochen – all das nehmen wir von außen meist gar nicht wahr. So sehr liegt es im Schatten. Und ja, auch bei uns selbst, nehmen wir diese Vorboten oft genug nicht wahr, denn wir haben unsere Wahrnehmung dafür betäubt. Nicht durch Schmerzmittel, sondern durch Ablenkung. Du erinnerst dich sicherlich.

Meditation hilft uns Licht in diesen Schatten zu bringen – auf sanfte Weise. Die Meditation hilft uns, die Vulkane zu sehen und zu verstehen. Wir können das große BÄM verhindern, indem wir Maßnahmen treffen, damit der Vulkan nicht explodiert, sondern Teil unserer lichtvollen Natur wird.

In der Gegend, in der ich lebe, gibt es solch einen ehemaligen Vulkan: Der Desenberg. Er ist das Wahrzeichen der Region, und wenn du ihn hochwanderst, hast du einen wunderbaren Fernblick. Er ist also zum Lichtblick dieser Region geworden. Mit anderen Worten: Er ist ein Lichtfang oder ein Blickfang. So können auch deine Vulkane durch die Meditation zum Lichtfang werden. Du kannst deine Vulkane zur Ruhe bringen, sodass sie wie die ehemaligen Vulkane in der Natur, zur Vielfältigkeit deiner Persönlichkeit beitragen. Licht ist das Zauberwort und Licht bedeutet in diesem Zusammenhang Bewusstsein. Sobald dir etwas bewusst wird, kannst du es verändern. Erst wenn dir bewusst ist, dass das Wasser auf dem Herd gleich überkocht, kannst du den Topf von der Herdplatte ziehen. Dann kann das Wasser abkühlen und du kannst in Ruhe darüber nachdenken, was der nächste Schritt ist.

Dieses Bewusstwerden ist, wie Licht in die Dunkelheit bringen. Da wo der Lichtstrahl hinfällt, ist kein Schatten mehr. Allerdings kann es sein, dass es dir nicht gefällt, was du da siehst: Bilder, die du verdrängt hast. Erinnerungen, an die du nicht mehr erinnert werden willst. Worte, die irgendwann gefallen sind. Und genau das sind die Gründe, warum es uns so schwerfällt, den Lichtstrahl in die dunklen Ecken zu bringen. Wir wollen sie nicht sehen, diese Bilder und Erinnerungen. Wir wollen sie nicht mehr hören, diese Worte. Vor allem aber, wollen wir die dazugehörigen Gefühle nicht mehr fühlen:

- Das Gefühl der Einsamkeit, als wir keine Freunde hatten.
- Die Angst, nicht dazuzugehören. Das unangenehme Gefühl anders zu sein.
- Das Gefühl nicht gemocht oder nicht geliebt zu werden. Das Gefühl der Entwürdigung, als andere über uns gelacht haben.
- Das Gefühl nicht gut genug zu sein: Für die Eltern, die Freunde, in der Schule, bei der Arbeit.
- Das Gefühl der Angst nicht den Erwartungen der anderen zu entsprechen: Nicht schön genug, nicht sportlich genug, nicht nett genug, nicht unterhaltsam genug zu sein.
- Das Gefühl der Scham, weil wir es einfach nicht hinkriegen, so zu sein, wie wir gerne sein wollen. Oder weil wir einfach nicht mit Geld umgehen können, jemanden mit Worten verletzt haben und immer das Falsche sagen.

Manchmal scheint es, als gäbe es mehr Gefühle, die wir nicht mehr fühlen wollen, als solche die wir fühlen möchten? Warum ist das so? Wir sind so damit beschäftigt uns abzulenken, dass unsere Schatten immer lauter und bedrohlicher werden. Das heißt auch, diese verdrängten Gefühle können immer lauter und stärker werden, sodass sie den Eindruck erwecken, als gäbe es nur noch sie. Der Versuch, sie durch Ablenkungen in eine Schattenecke zu drängen, wird immer verzweifelter: Noch mehr Essen, noch mehr tolle Freizeitaktivitäten, mehr Alkohol, ein Urlaub nach dem nächsten, ein Ferienhaus, das neuste Handy, ein besseres Auto, das Boot.

Licht in die dunklen Ecken bringen

Fängst du jedoch erst einmal an, Licht in die Schattenecken zu bringen, wirst du erstaunt sein. Die großen, bedrohlichen Schatten, die wir gesehen haben, wenn wir die Tür zur dunklen Kammer nur einen Spaltbreit geöffnet haben, sind eigentlich ganz klein, wenn erst mal das Licht darauf fällt. Bestimmt kennst du das aus deiner Kindheit. Du bist nachts aufgewacht und musstest zur Toilette. Überall schienen Schatten auf dich zu lauern: Groß und bedrohlich. Du hast dich geängstigt und bist mit klopfendem Herzen und gesenktem Blick ganz schnell ins Bad gerannt. Ist deine Mutter dann gekommen und hat die Lichter angemacht, hast du gemerkt, dass die Dinge, die da große Schatten geworfen haben, eigentlich ganz klein und unscheinbar sind. Die Blumen, die in der Vase auf dem Tisch stehen. Der Bilderrahmen auf der Kommode. Die Stehlampe in der Ecke. Ebenso ist es auch mit deinen Schatten. Sobald du den Lichtstrahl auf sie richtest, wird dir bewusst, dass die Gefühle und Erinnerungen gar nicht so groß und mächtig sind, wie ihre Schatten dir suggerierten.

Es sind die Schatten, die uns die Probleme bereiten. Durch die Meditation richtest du den Lichtstrahl deines Bewusstseins auf die Gefühle, die eng mit deinen Erinnerungen und den dazu passenden Bildern, deinen Glaubenssätzen und Überzeugungen gekoppelt sind. Du wirst feststellen, dass hinter den Schatten Gefühle stecken: Emotionen. Emotionen sind Gefühle gekoppelt mit Bildern, Gerüchen, Erinnerungen, Worten – also das, was wir irgendwann einmal wahrgenommen haben.

Durch die Meditation entkoppelst du das Wort oder den Satz, der dich irgendwann mal so verletzt hat. Übrig bleibt das Gefühl der Entwürdigung oder der Scham. Und ohne die dazugehörigen Bilder, Worte, Erinnerungen ist es nur noch ein Gefühl. Etwas, was du in deinem Körper fühlen kannst. Aber, und das ist das Wesentliche, es beeinflusst dich nicht mehr in deinem Leben. Es ist kein Vulkan mehr. Der Schatten ist dem Licht gewichen.

Siehst du einen Riesen,
so prüfe den Stand der Sonne und gib acht,
ob es nicht der Schatten eines Zwergews ist.

Friedrich Nietzsche

Insofern ist dein Schatten dein Freund. Denn er zeigt dir den Weg. Es ist, als würde der Schatten zu dir sagen: „Hierher musst du den Lichtstrahl richten, hier wirst du die Magie finden." Das Gefühl, was übrigbleibt, will gesehen werden. Die Magie, die dein Leben zum Glitzern und Funkeln bringt. Hier wirst du die Auflösung finden, wie du aus Schatten Licht machst.

Vorher wollen wir uns jedoch noch der Frage widmen: Wie entstehen überhaupt diese Schatten, in denen die Vulkane so unbeobachtet brodeln können?

Was uns geprägt hat

Es gibt verschiedene Lebensbereiche, in denen wir nach den Ursachen für diese Vulkane suchen können.

Deine Kindheit

Wir Menschen werden als Nesthocker geboren. Ziemlich lange hocken wir in unserem Nest. Wir sind darauf angewiesen, dass unsere Eltern uns über viele Jahre begleiten und uns in die Regeln der Natur sowie der Gesellschaft einführen. Warum ist das so? Es liegt daran, dass unser Gehirn sich über viele Jahre verändert. In der Pubertät findet noch eine große Veränderung im Gehirn statt. Erst dann können die Menschen in der Regel in ihr eigenes Leben entlassen werden.

Muss es wirklich so lange sein? Ja, denn das hat den großen Vorteil, dass wir Menschen ziemlich anpassungsfähig sind. Egal wo wir geboren werden: Ob in der Kälte der Antarktis oder in der Wüste der Sahara, der Mensch wird sich seiner Umgebung in der Regel anpassen können. Anders als viele Tier- und Pflanzenarten. Ihr Überleben ist an klimatische und andere Umweltbedingungen geknüpft. Wir Menschen können lange Hungerperioden überstehen, passen uns Kriegsverhältnissen und den vielfältigen Umweltbedingungen an. Das funktioniert jedoch nur deshalb so gut, weil es eine Instanz in unserm Leben gibt, die uns führt und an die Hand nimmt. Das sind in der Regel die Eltern oder andere Bezugspersonen wie: Nahe Verwandte, Lehrer, etc. Sie vermitteln uns die notwendigen Regeln, Fähigkeiten und Fertigkeiten zum Überleben.

Ohne diese uns übergeordnete Instanz würden wir nach unserer Geburt und lange Zeit danach nicht überleben können.

Wir dürfen unseren Eltern (und allen anderen Bezugspersonen) dankbar sein. Nach und nach wird diese übergeordnete Instanz von der sogenannten Peer Group abgelöst. Das heißt, zunehmend werden Freunde, Mitschüler usw. zu Bezugspersonen, die erneut Regeln Miteinander und füreinander finden. Meist beginnt dieser Prozess mit dem Beginn der Pubertät, also etwa im Alter von 12-14 Jahren. Dies wird auch als Ablösungsprozess beschrieben. Die Regeln und Überzeugungen der Eltern werden massiv hinterfragt und nicht selten zunehmend abgelehnt. Ein Bewusstsein für diese Regeln und ein damit oft einhergehender Widerstand entsteht.

Dennoch sind wir, ob wir es wollen oder nicht, nachhaltig von diesen Regeln, Überzeugungen und Glaubenssätzen beeinflusst. Diese abzuschütteln ist daher gar nicht so leicht. Warum das so ist, erklärt sich durch die Entwicklung unseres Gehirns. Nach unserer Geburt ist unser Bewusstsein kaum entwickelt. Wir agieren über unsere Reflexe (Schreien = Hunger) und alles was wir lernen, wird tief im Unbewussten verankert. Zunehmend verschiebt sich der Anteil von überwiegend unbewusst zu bewusst.

„In der Pubertät lernt das Gehirn sinnvolle Verknüpfungen zu stärken und unsinnige abzubauen. Mit 25 Jahren ist das Gehirn ausgewachsen."[1], so Laurence Sternberg von der Temple University Philadelphia. Das bedeutet, dass all das, was wir in den ersten Lebensjahren lernen, erfahren und spüren tief in unserem Unbewussten verankert ist. Es ist ein bisschen so, als würde man einen Deckel auf eine Flasche mit kohlensäurehaltigem Mineralwasser füllen. Nur, wenn man den Deckel ein wenig öffnet, blubbert etwas aus dem Unbewussten nach oben und tritt nach außen – in unser Bewusstsein. Meistens merken wir das durch körperliche Symptome. Der Bauch zieht sich zusammen. Wir spüren Wut über eine Bemerkung. Eigentlich ist die Bemerkung gar nicht so schlimm. Dennoch steigt die Wut hoch. Wir verstehen nicht so recht, warum uns diese Bemerkung so ärgert.

So können sich auch scheinbar banale Dinge im Unbewussten verankern: Die Mutter hat der kleinen Schwester ein Eis gegeben, obwohl diese nicht aufgegessen hat. Die große Schwester versteht das nicht. Sie bekommt nie ein Eis, wenn sie nicht aufgegessen hat. Sie fühlt sich sehr ungerecht behandelt und ist tief verletzt. Sie setzt diese Ungerechtigkeit mit der Liebe der Mutter zur jüngeren Schwester gleich. Das Mädchen fühlt sich nicht nur ungerecht behandelt, sondern auch ungeliebt. So kann es passieren, dass das Mädchen später als erwachsene Frau in ähnlichen Situationen ebenfalls tief verletzt reagiert. Ihr Umfeld versteht das nicht, weil die Situation so banal erscheint. Erst, wenn uns dieser Umstand bewusst wird, können wir ihn verändern.

Regeln, Überzeugungen und Glaubenssätze, die in der Kindheit vielleicht stimmig waren, können im Erwachsensein und in einer völlig veränderten Lebenssituation zu Disharmonien führen. So kann der Vulkan zu brodeln beginnen.

---

[1] https://www.welt.de/wissenschaft/article2256003/Das-Geheimnis-des-Pubertaets-Verhaltens.html

Unser Leben heute

Unser Leben heute unterscheidet sich maßgeblich vom Leben der vorangegangenen Generationen. Wir befinden uns mitten im digitalen Zeitalter, das zu einem enormen gesellschaftlichen Wandel geführt hat. Das brauche ich dir hier nicht näher zu erklären. Was ich eigentlich meine ist, wir sind immer mehr vom Körper in den Kopf gekommen. Immer weniger bestimmt das körperliche Tun unseren Alltag, sondern das geistige Wirken nimmt Vorrangstellung ein. Viele Arbeitsfelder finden vor dem Computer statt und auch die Bäckereifachverkäuferin arbeitet nicht mehr groß körperlich. In unserer Freizeit können wir mittlerweile viel über das Handy regeln.

Theoretisch können wir heimkommen, uns aufs Sofa setzen. Eine Pizza über das Handy bestellen, das Handy als Fernbedienung nutzen und am Ende des Abends haben wir uns vielleicht nur einmal vom Sofa zur Haustür, zur Küche und zum Bad bewegt. Anschließend geht es ins Bett und wir schlafen einem neuen körperlosen Tag entgegen. Natürlich ist es nur ein Beispiel und viele Menschen legen Wert darauf, sich regelmäßig zu bewegen. Dennoch, unser Körper verkümmert damit zu einer Maschine, die zu funktionieren hat: Essen verdauen, uns von A nach B bewegen und dann bitte am Abend tief schlafen. So hätten wir es gerne. Aber das macht unser Körper nicht mit, denn wie schon erwähnt, lassen sich Körper und Geist nicht trennen. Das Ergebnis unserer Gedanken sind unsere Emotionen und die manifestieren sich in unserem Körper: durch Verspannungen, Kopfschmerzen, Verdauungsbeschwerden oder gar Krankheiten. Unser Körper, so könnte man sagen, ist der Ausdruck unseres „Ich" unseres Selbst.

War das früher anders? Früher arbeiteten die Menschen vermehrt körperlich. Stelle dir die Bäckersfrau vor. Auch sie wird sich mal geärgert oder unter Zeitdruck gestanden haben. Auch bei ihr wüteten die Stresshormone durch den Körper. Auch ihr Körper reagierte mit der Stressantwort, dem Kampf-Flucht-Modus. Auch ihr Blutdruck und ihr Puls stiegen. Die Muskeln spannten an, bereit zu reagieren. Doch während sie sich noch ärgerte, musste sie in die Backstube und den Teig für das Brot vorbereiten. Jeder der schon mal Hefeteig mit den Händen zubereitet hat weiß, dass der Teig ordentlich geknetet und „geschlagen" werden will. Durch diese körperliche Aktivität konnte sie sich abreagieren. Die Stresshormone wurden abgebaut und der Körper kam wieder in den Ruhezustand. Vielleicht kennst du das auch? Nach so einer körperlichen Aktivität fühlen wir uns besser und unsere Gedanken sind nicht mehr so vom Ärger gekennzeichnet. Oftmals denken wir dann: „Ach, so schlimm war es ja nicht!"

Sicherlich handelt es sich nur um ein Beispiel und wir wissen nicht, ob die Menschen früher tatsächlich ausgeglichener waren. Leider können wir sie nicht mehr fragen. Natürlich gab es auch damals Untersuchungen dazu und zur Zeit der Brot backenden Bäckersfrau gab es auch schon Bücher darüber. Doch diese Bücher wurden von Menschen geschrieben, die auch sehr „im Kopf" waren. Standesdünkel spielte eine viel größere Rolle. Es stellt sich die Frage, ob die „einfachen" Menschen überhaupt nach ihrer Zufriedenheit befragt wurden.

Betrachten wir jedoch den Zusammenhang von Körper und Geist, den Einfluss unserer Stress machenden Gedanken auf den Körper, so könnte man zumindest annehmen, dass die Menschen zufriedener waren, als ein regelmäßiger Abbau der Stresshormone durch körperliche Aktivität erfolgte. Natürlich weiß ich, dass in damaligen Zeiten die akute Gefahr, die Existenzbedrohung größer war. Untersuchungen lassen jedoch den Rückschluss zu, dass die gefühlte subjektiv empfundene Bedrohung heutzutage nicht geringer ist.

Zusammenfassend lässt sich also sagen, dass uns der Stressabbau durch verminderte körperliche Aktivitäten immer schlechter gelingt. Und das bei gleichbleibenden Stressauslösern. Daher bist du hier ganz richtig aufgehoben, denn die Meditation ist neben der körperlichen Aktion hervorragend geeignet, um Stressreaktionen nicht nur zu vermindern, sondern auch abzubauen.

Erwartungen anderer

Die Digitalisierung bringt mit sich, dass wir in einem Zeitalter der Information leben. Wir sind heute besser informiert als je zuvor. Wir wissen innerhalb kurzer Zeit, dass der Laden 50 km weit entfernt überfallen wurde. Wir wissen, wie Erziehung optimal ablaufen sollte, welche Sportarten besonders effektiv sind, wann genau eine Frau als attraktiv bezeichnet wird und was Männer anziehend macht. Täglich bekommen wir gezeigt, wie wir idealerweise auszusehen hätten und wie eine rundum gesunde Mahlzeit auszusehen hat.

Informationen lassen sich innerhalb von wenigen Sekunden aus dem Internet generieren. Bei Meinungsverschiedenheiten wird rasch das Handy gezückt und geschaut, wer Recht hat. Es gibt immer eine neue Studie oder jemanden, der gerade herausgefunden haben will, wie wir unser Leben am besten und effektivsten leben sollten. Wir wissen nicht nur, welches die beliebtesten Vornamen sind, sondern wir wissen auch, was und wie wir gelebt haben sollten, bevor wir sterben. Nur damit wir auf dem Sterbebett jemandem zuflüstern können: „Ich habe alles getan, damit ich jetzt sagen kann, ich hatte ein gutes Leben!" Da die Menschen immer älter werden, wird es vermutlich nicht lange dauern und es wird Empfehlungen geben, damit wir auch auf dem Sterbebett noch gut aussehen und uns niemand unser Alter ansieht. Vielleicht übertreibe ich an dieser Stelle, vielleicht aber auch nicht. Möglich ist alles!

Um die Sache auf den Punkt zu bringen: Wir vertrauen mehr unserem Handy, als unserem Bauchgefühl. Egal ob beim Wetter, bei der Verkehrslage oder beim Restaurant: Immer mehr Menschen glauben eher ihren Apps, als Empfehlungen ihrer Freunde oder gar dem Bauchgefühl. Die Gefahr eine falsche Entscheidung zu treffen, ist einfach zu groß. So scheint es. Wir leben ein Leben im Optimierungswahn. Alles sollte möglichst perfekt sein. Die gebuchte Reise darf auf keinen Fall Mängel aufweisen und schief gehen sollte nun wirklich nichts. Erinnern wir uns nur etwa 70 Jahre zurück, als auch Menschen in Deutschland fliehen mussten, so erscheint der Gedanken an eine perfekte Reise dekadent. Der ein oder andere Flüchtling, der Zuflucht in Deutschland gefunden hat, mag Ähnliches denken.

Aber nicht nur unsere Ansprüche an unsere Lebensumstände sind gestiegen, sondern auch unsere Ansprüche an uns selbst. Schließlich lässt unser Leben kaum etwas vermissen, theoretisch ist also alles möglich. Wir sind nicht mehr darauf angewiesen in ein 5-Sterne-Restaurant zu gehen, um ein 5-Sterne-Essen zu bekommen. Auch der Hobbykoch kann mit etwas Talent und Überzeugung ein hochwertiges Essen kochen. Weitgehend alle nötigen Informationen sind ihm über Kochbücher, Apps und Videos zugänglich. Erstklassige Küchenmaschinen und Werkzeuge sind nicht nur dem professionellen Koch zugänglich, sondern jedermann. Im gut sortierten Internetwarenhaus lässt sich zudem alles bequem vom Sofa aus bestellen. Kein Wunder also, dass unsere Ansprüche immer weiter steigen.

Funktioniert etwas nicht, wird sofort nach dem Schuldigen gesucht. Und dieser Schuldige wollen wir definitiv nicht sein. So kommt es, dass wir uns selbst am idealen optimalen Zustand messen. Am Arbeitsplatz, in der Kindererziehung oder in der Freizeit. Wir können nur scheitern, denn wir sind natürlich keine Maschinen, die sich genau programmieren lassen: Müdigkeit, Ängste, Stress, unvorhergesehene Ereignisse machen uns einen Strich durch die Rechnung. Dennoch bleibt der hohe Anspruch im Außen.

Immer mehr Menschen fühlen sich massiv unter Druck gesetzt. Um diesen Druck zu entkommen, gibt es jedoch nur einen Weg: Wir müssen uns eingestehen, dass wir selbst für diesen Druck verantwortlich sind. Nur wir selbst können entscheiden, uns diesem selbst aufgelegten Perfektionismus nicht mehr zu beugen. In dem Moment, wo wir uns zugestehen, dass wir Fehler machen dürfen und gar nicht perfekt sein wollen, öffnen wir uns die Tür zur Freiheit. In dem Augenblick, indem wir uns entscheiden, wieder auf unser Bauchgefühl zu hören, öffnen wir die Tür zum Einklang mit uns selbst.

Dieser Weg führt nach innen, hin zu uns selbst. Und auch dabei wird dir die Meditation helfen

Warum die Meditation so kraftvoll ist

Warum also Meditation? Was kannst du tun, um dich auf die Meditation vorzubereiten?

In unserem Alltag sind wir überwiegend im Außen. Wir sehen, schätzen Situationen ein, antworten, bewerten das Gesehene oder das Gehörte und reagieren. Wie Kameras fangen unsere Sinne alles ein. In Sekundenschnelle verarbeitet unser Gehirn die Information und lässt uns angemessen reagieren. Oft geht es so den ganzen Tag. Wir stehen morgens auf, nehmen die Temperatur wahr, gehen ins Bad, blicken in den Spiegel, putzen die Zähne und erledigen unser Morgenritual. Anschließend nehmen wir vielleicht die ersten Nachrichten wahr oder sprechen mit Familienmitgliedern.

Wir überlegen, reagieren freudig, ärgerlich, enttäuscht und manchmal auch wütend. Sind wir unter Zeitdruck, dann spulen wir die Abläufe ab und denken vielleicht schon an das bevorstehende Meeting oder die Kollegen. Wenn es gut läuft, greift ein Rädchen ins andere, wie eine perfekt funktionierende Maschine. Oft, viel zu oft geht es so den ganzen Tag. Unsere Kameras, also unsere Sinne, nehmen wahr und unser Gehirn reagiert. Allerdings reagiert nicht nur unser Gehirn, sondern auch unser Körper. Womit? Mit Emotionen: Wir freuen uns, wir sind erstaunt, wir ärgern uns, wir spüren Unmut, Widerstand, Trauer, Enttäuschung oder Wut! Das passiert meist ganz automatisch:

Reiz von außen → unsere Sinne nehmen ihn wahr → Verarbeitung im Gehirn → Gedanken dazu entstehen → Emotionen im Körper entstehen.

Wir funktionieren

Den ganzen Tag über reagieren wir also auf das, was uns die Welt so vorgibt. Wir funktionieren! Das kann so weit gehen, dass wir nur noch das Gefühl haben zu reagieren. Für manche Menschen mag das durchaus in Ordnung sein. Es hat den Vorteil, dass wir nur wenig selbst erschaffen und wenig Verantwortung übernehmen müssen. Daran ist zunächst nichts Schlechtes. Es führt jedoch dazu, dass wir immer fremdbestimmter werden und wenn dann plötzlich der Wunsch nach Veränderung auftritt, scheinen alle Wege versperrt zu sein. Der ganze Tag ist geprägt von To-do-Listen und dem Erfüllen der Erwartungen der anderen.

Anna

So erging es auch Anna. Ihre Eltern hatten einen gut laufenden Malerbetrieb. Es war klar, dass sie den Betrieb übernehmen würde. Eigentlich sprach auch nichts dagegen. Schließlich war sie immer schon gerne mit ihrem Vater unterwegs gewesen und half ihrer Mutter hin und wieder im Büro. Es war keine Frage, dass sie selbst eine Ausbildung zur Malerin absolvierte. Es machte ihr Spaß. Später zogen sich die Eltern auch immer mehr aus dem Geschäft zurück. Sie hatte zuverlässige Angestellte und der Betrieb wuchs und wuchs. Als sie Ende 20 war lernte sie ihren Mann kennen und er stieg mit ins Geschäft ein. Er identifizierte sich sehr mit dem Betrieb und konnte als gelernter Betriebswirt einige strukturelle Veränderungen durchführen, sodass der Weg frei war, eine Familie zu gründen.

Anna wurde schwanger. Die Schwangerschaft war beschwerlich und sie konnte nur noch wenige Stunden am Tag arbeiten. Doch es funktionierte, da ihr Mann, ganz in seinem Element, einiges auffangen konnte. Das Baby kam und die Freude war groß. Es war ein zufriedenes Baby und Anna kehrte schon nach wenigen Wochen wieder in ihr Büro zurück. Wenigstens einige Arbeiten wollte sie auffangen. Zunächst nahm sie das kleine Mädchen mit. Doch mit der Zeit, wollte es beschäftigt werden. Anna sprang zwischen Laufstall und Bürostuhl hin und her. Mittags eilte sie nach Hause, um das Mittagessen zuzubereiten. Der Betrieb war ans Haus angegliedert und es war klar, dass sie als Familie gemeinsam essen würden. Schließlich war ihr Mann auch schon seit 6.30 Uhr unterwegs. Nachmittags nahm Anna sich Zeit fürs Kind. Arztbesuche, Krabbelgruppen und Babyschwimmen standen an.

Am Ende des Tages bereitete sie das Abendessen zu und sie verbrachten anschließend gemeinsam Familienzeit. Nun hatte auch der Papa Zeit fürs Kind. Er kümmerte sich liebevoll, jedoch wollte ihre Tochter Sophie immer von Anna ins Bett gebracht werden. Das hatte zur Folge, dass Anna jeden Abend vollkommen erschöpft ins Bett sank. „Ist doch toll, den Nachmittag freizuhaben. Was hast du denn so gemacht?", murmelte ihr Mann, bevor er in den Tiefschlaf versank. „Ja", dachte Anna: „Das ist auch schön. Ich habe Zeit, mich um unsere Tochter zu kümmern. So, wie ich es mir vorgestellt habe." Aber irgendwie regte sich Widerstand in ihr. Sie fühlte sich so erschöpft. Mit der Zeit plante ihr Mann sie für immer mehr Arbeiten ein. Die Auftragslage florierte und sie kamen kaum hinterher. Dennoch kehrte sie nachmittags nicht in den Betrieb zurück. Manchmal nahm sie sich Arbeit mit und erledigte sie am frühen Abend. Anna wurde immer unzufriedener. Sie fühlte sich ausgebrannt. Sie verstand die Welt nicht mehr.

Im Grunde war alles so, wie sie sich es immer gewünscht hatte. Eigentlich war es perfekt. Sie konnte Arbeit und Kind verbinden. Ihre Mutter passte inzwischen morgens einige Stunden auf Sophie auf. Am Nachmittag hatte sie frei. Ihr Mann kümmerte sich liebevoll um Sophie, wenn er am frühen Abend daheim war. Er ermunterte sie auch dazu, mal wieder gemeinsam auszugehen. Aber sie war einfach zu erschöpft. Ihre Unzufriedenheit wuchs und ein Gefühl von Traurigkeit nahm immer mehr zu.

Hast du es gemerkt? Anna reagiert fast nur noch auf das, was im Außen geschieht. Sie verliert sich in den Erwartungen anderer und in den Umständen, die ihr Reagieren erfordern. Der Betrieb, die Arbeit, das Kind, der Haushalt. Sie funktioniert nur noch und ist, wie viele Menschen, in eine Funktionsfalle getappt.

Einerseits gibt dieses Funktionieren ein Gefühl von Sicherheit, schließlich läuft alles wie geschmiert. Doch die Sicherheit ist trügerisch, denn unser Körper und unser Gehirn brauchen Zeiten, in denen Regeneration und Erholung angesagt sind. Und das ist nur möglich, wenn die Reize und die Erwartungen von außen auf ein Minimum reduziert sind. Dieses Minimum ist von Mensch zu Mensch unterschiedlich. Aber wir brauchen diese Zeit, in der wir in Tagträumen versinken können oder uns Aktivitäten hingeben, die uns geistig wenig fordern. Ausdauersportarten, Yoga, Malen, im Garten arbeiten, Spazieren gehen usw. Auch das kann für jeden etwas anderes sein. Vielen fehlt jedoch die Zeit, sich am Tag 10, 15, 30 Minuten oder gar ein, zwei Stunden für ein solches Hobby zu nehmen. Und hier kommt die Meditation ins Spiel.

Durch die Meditation in unser Inneres kehren

In der Meditation sind wir in einem Zustand ganz in unserem Inneren.

> *„Der Hauptgrund für Meditation ist,*
> *deine Aufmerksamkeit von deiner Umwelt,*
> *deinem Körper und von der Zeit abzuziehen.*
> *Sodass, deine Intention und das, was du denkst*
> *zu deinem Fokus wird.*
> *Dann kannst du dich von deiner Abhängigkeit*
> *der Geschehnisse im Außen lösen."*
> *Dr. Joe Dispenza*

Joe Dispenza bringt auf den Punkt, was uns im Allgemeinen davon abhält, ganz in unsere Mitte zu sein. Wir sind mit unserer Aufmerksamkeit voll auf unsere Umwelt, unseren Körper (z.B. bei Schmerzen) und auf unserer Zeit fokussiert. Kennst du Menschen, von denen man sagt, sie seien ganz bei sich? Meist sind es Menschen, die eher ruhig sind und nicht ständig auf das reagieren, was in ihrem Umfeld passiert. Sie scheinen alle Zeit der Welt zu haben und sitzen selten beim Arzt oder im Schönheitssalon, weil ihnen das einfach nicht so wichtig ist. Es sind Menschen, die eine Zufriedenheit ausstrahlen und mit sich im Reinen zu sein scheinen. Möchtest du das auch?

Was du durch die Meditation erreichen kannst

- Der Puls wird langsamer
- Die Herzfrequenz regelmäßiger
- Der Blutdruck sinkt
- Das Immunsystem wird gestärkt, da das Immunglobulin zunimmt: Antikörper für die Abwehr gegen Bakterien und Viren
- Der Pegel des Stresshormons Cortisol sinkt
- Entzündungsmarker im Blut, die für chronische Entzündungen verantwortlich sind, sinken
- Der Körper kommt in einen entspannten Zustand
- Die Gedanken werden ruhiger
- Die Konzentrationsfähigkeit wird verbessert
- Kreativität wird angeregt
- Lösungen für Probleme werden schneller gefunden
- Die Fähigkeit der Gelassenheit nimmt zu
- Soziale Beziehungen verbessern sich
- Die Lust, Neues auszuprobieren nimmt zu

Mit Meditation kannst du all das erreichen. In der inneren Einkehr ziehst du deinen Fokus von allem was im Außen ist ab. Die Zeit ist unwichtig. Diesen Zustand erreichst du, indem du deinen inneren Timer einstellst. Dann kannst du alle Gedanken an die Zeit loslassen. Du wirst die Erfahrung machen, dass du während der Meditation dein Zeitgefühl völlig verlierst. Eine Stunde kann sich wie 5 Minuten anfühlen. Im nächsten Schritt lässt du alle Gedanken an den Körper los: eventuelle Schmerzen, Gedanken um das Gewicht, dein Aussehen usw. Es ist wichtig, dass du bequem sitzt und auch die Kleidung nicht zwickt. Auf gar keinen Fall musst du dich während der Meditation in einen Schneidersitz zwängen. Das endet nur damit, dass du während der ganzen Meditation an deinen Körper denkst, weil deine Knie weh tun. Achte darauf, dass dir angenehm warm ist. Sonst kann es dir ebenso passieren, dass du während der Meditation nur an deinen frierenden Körper denkst. Ziehst du für die Dauer der Meditation deine Aufmerksamkeit von deiner Umwelt, deinem Körper und deiner Zeit ab, dann wirst du anschließend das Gefühl haben, ganz außerhalb von Raum und Zeit gewesen zu sein: Du warst ganz weg. Diesen

Zustand wirst du mit zunehmender Übung immer schneller erreichen und dabei in einen immer tieferen Zustand kommen. Mit jeder Meditation trittst du damit eine Reise an. Eine Reise in eine Auszeit von deinem Alltag. Klingt das nicht wunderbar?

Um nun von deinen wirbelnden Gedanken in einen meditativen Zustand zu kommen, wirst du zunächst durch deinen Körper reisen – mit dem Bodyscan. Ganz gezielt nimmst du jedes Körperteil wahr. Das hat zwei Gründe: Zum einen kommst du von deinen wirbelnden Gedanken ins Fühlen und zum anderen kannst du anschließend deinen Körper mental loslassen. Im dritten Schritt lässt du deine Umwelt los, um deine Gedanken zu deinem Fokus zu machen. Du schließt die Augen und blendest so, deine visuelle Umwelt aus. Manchmal hilft es auch, den Raum abzudunkeln oder eine Schlafbrille aufzusetzen.

Außerdem schaltest du das Handy aus und kümmerst dich darum, dass du für die Dauer deiner Meditation ungestört bleibst. Es erleichtert den Einstieg in eine Meditation ungemein, wenn du in der ersten Zeit eine angeleitete Meditation hörst. Alternativ kannst du auch eine ruhige Musik während der Meditation hören. So werden auch deine Ohren nicht durch dein unmittelbares Umfeld oder durch Störgeräusche abgelenkt. Musik bildet auch einen schönen Rahmen für deine Meditation. Nach kurzer Zeit wirst du dich schon entspannt fühlen, wenn du die Musik hörst. Dein Körper reagiert auf das Signal „Musik", in dem er loslässt und entspannt. Durch die Musik hast du einen Anker gesetzt, um wirklich ganz bei dir bleiben zu können. Achte darauf, dass dir keine unangenehmen Gerüche in die Nase steigen und das Parfum legst du am besten nach der Meditation auf. Sorge dafür, dass du so wenig wie möglich abgelenkt wirst.

Deine Intention

Bevor du nun startest, solltest du dir jedoch einer Sache bewusst werden. Was ist deine Intention? Anders gesagt: Warum willst du meditieren? Was willst du damit erreichen? Es ist enorm wichtig, genau zu wissen, warum wir etwas machen. Diese Absichtserklärung steigert unsere Motivation und vor allem unser Durchhaltevermögen. Es bringt wenig, wenn der Mann zum Meditationskurs mitkommt, weil seine Frau meint, es täte ihm bestimmt gut. Genauso ist es, wenn deine Freundin nur mitkommt, weil ihr mal wieder gemeinsam etwas machen wollt oder die Gruppe so nett ist.

Du brauchst also eine echte Intention, eine klare Absicht. Warum also willst du meditieren? Wie bist du auf die Idee gekommen? Menschen, die in meine Kurse kommen sagen häufig:

- Ich suche etwas zur Entspannung
- Ich möchte gelassener sein
- Ich möchte einen Weg finden, mein Gedankenkarussell abzustellen
- Ich will lernen, besser mit Stress umzugehen
- Ich möchte ruhiger sein
- Ich möchte nicht mehr so negativ denken

Das sind schon eine ganze Reihe von Intentionen, um mit dem Meditieren zu starten. Im Laufe dieses Buches wirst du noch weitere Gründe kennenlernen. Doch zunächst schreibe deine Intention auf, ganz kurz und knapp. Wenn du genau weißt, warum du etwas tust, hältst du besser durch, wenn es mal schwierig wird.

Besonders interessant wird es, wenn du dir vor JEDER Meditation eine Intention setzt. Dann kannst du hinterher schauen, ob du das auch erreicht hast. Es macht deine Meditation viel wertvoller. Mögliche Intentionen könnten sein:

- Ich möchte zur Ruhe kommen
- Ich möchte Zeit für mich haben
- Ich möchte meine Gedanken einfach mal fließen lassen
- Ich möchte weg von den negativen Gedanken
- Ich brauche eine Auszeit vom Alltag
- Ich möchte vom Alltag runterkommen
- Ich möchte wieder auftanken
- Ich brauche Energie
- Ich möchte mehr Leichtigkeit spüren.
- Ich möchte Freude spüren

Je nach Intention kannst du dir auch unterschiedliche Meditationen anhören. Eine Meditation für mehr Freude kann ganz anders sein, als eine für mehr Energie.

Übersicht: Vor der Meditation

1. Schalte das Handy aus.
2. Informiere deine Familie, dass du nun eine Zeit lang ungestört sein möchtest.
3. Dunkle evtl. den Raum ab oder lege eine Schlafbrille bereit.
4. Stelle einen Timer, plane anschließend noch 5 Minuten zusätzlich ein, damit du nicht in Hektik verfällst.
5. Nutze eine angeleitete Meditation oder suche dir schöne Meditationsmusik aus.
6. Achte auf bequeme Kleidung. Lege dir eine Decke oder eine Jacke zur Seite, falls du frierst.
7. Setze dich bequem und aufrecht hin. Ein Stuhl, die Bettkannte, ein Hocker oder ein Meditationskissen eignen sich gleichermaßen.
8. Lege deine Hände auf deine Oberschenkel.
9. Schließe die Augen.
10. Atme einmal tief ein und aus. Nun weiß dein Körper, dass es losgeht.
11. Setze eine Intention für deine Meditation. Warum willst du jetzt meditieren?

Nun hast du ein hervorragendes Setting geschaffen. Es sind die idealen Voraussetzungen, damit du dich von deiner Abhängigkeit der Geschehnisse im Außen lösen kannst. Du kannst nun in deine Innenwelt reisen.

Die 1. Meditation - Spüre

Spüre und fühle

Du kannst während du meditierst, die folgenden Zeilen mitlesen. Für den Anfang geht das ganz gut. Nach einer Zeit wirst du genau wissen, was zu tun ist und die Augen schließen können. Alternativ kannst du dir die Meditation auch auf dein Handy sprechen. Die Meditation sollte ca. 10 Minuten dauern. Achte darauf, dass du Pausen machst, wenn du die drei Pünktchen ... siehst. Nun geht es los:

Setze dich aufrecht und bequem hin.
Atme einige Male tief ein und aus.
Setze deine Intention, warum du meditieren möchtest.

Beginne nun durch deinen Körper zu reisen:
Spüre in deinen rechten Fuß ... Spüre in deinen rechten Unterschenkel
... das Knie ... den Oberschenkel
... die rechte Gesäßhälfte ... spüre deinen linken Fuß
... den Unterschenkel ... das Knie ... den Oberschenkel
... die linke Gesäßhälfte ... den Bauch ... den Brustraum
... die rechte Schulter ... den Oberarm ... den Ellenbogen ...
... den Unterarm ... die linke Hand
... den Daumen, Zeigefinger, Mittelfinger, Ringfinger, kleinen Finger
... spüre deine linke Hand
... den Daumen, Zeigefinger, Mittelfinger, Ringfinger, kleinen Finger
... den linken Unterarm ... den Ellenbogen ... den Oberarm
... die Schulter ... spüre deinen Hals ... das Kinn
... den Kiefer ... die Zunge im Mund ... die Augen
... die Stirn ... und die Krone des Kopfes
Dein Atem ... nimm nun deinen Atem wahr ... wie er ein ... und aus geht ... wo geht der Atem hin? ... in den Brustraum ... in die Kehle ... wo wird das Einatmen zum Ausatmen?

Spürst du eine Pause zwischen dem Einatmen und dem Ausatmen? Beobachte deinen Atem genau ... wie ein Kind ... spürst du wie der Atem den Brustraum weitet? ... Wie fühlst es sich an, wenn du ausatmest? ...
Was spürst du im Brustraum? ... Wie fühlt sich der Bauch an? ... Geht dein Atem ganz geschmeidig oder stockt er? ... Was fällt dir leichter? ... Das Einatmen oder das Ausatmen?

Anschließend komme wieder ganz im Hier und Jetzt an. Spüre in deinen Körper, wie du gerade sitzt. Wenn du soweit bist, öffne deine Augen. Erinnere dich an deine Intention.

Prima, das war die 1. Meditation.

Glaubenssätze

Oftmals fehlt auch die innere Erlaubnis etwas zu verändern, weil es unbewusste Regeln gibt, nach denen wir leben. Eine solche unbewusste Regel könnte sein: „Wir essen immer um 19 Uhr Abendbrot" oder „Wir essen immer gemeinsam Abendbrot".

Es lohnt sich, wenn du dich einmal selbst beobachtest: Welche Regeln bestimmen dein Leben? Diese unbewussten Regeln nennt man auch Glaubenssätze. Wir glauben, dass das so richtig ist und stellen es gar nicht mehr infrage. Häufig sind es Glaubenssätze, die wir aus unserer Kindheit mitbringen und die im Unterbewusstsein abgespeichert sind. Sicherlich gab es eine Zeit, als die Glaubenssätze und Überzeugungen ihre Berechtigung hatten. In einer Familie mit kleinen Kindern macht es durchaus Sinn, immer um 19 Uhr zu essen. Wenn die Kinder größer werden oder gar aus dem Haus sind, ist es allerdings angebracht zu reflektieren, ob diese Regeln noch Sinn machen.

Glaubenssätze und Regeln regulieren unser Leben. Sie geben eine Struktur für verschiedene Lebensbereiche. Darüber müssen wir auch nicht mehr nachdenken, denn unbewusst richten wir unser Leben danach aus. Gibt es immer um 19 Uhr Abendessen, dann werden wir gegen 18 Uhr aufbrechen, wenn wir unterwegs sind bzw. mit unserer Arbeit aufhören. Die Abläufe, um das Abendbrot zuzubereiten, führen wir gewohnheitsmäßig durch. Und das ist gut so! Es entlastet unser Gehirn, gewisse Abläufe automatisch abzuspulen. Es kostet unser Gehirn weniger Energie und es kann im Sparmodus laufen. Wir haben dabei ein Gefühl von Leichtigkeit, weil wir nicht jeden Handgriff neu durchdenken müssen. Ein Glaubenssatz kann auch sein, dass die Frau sich hauptsächlich um das neugeborene Kind kümmert. So, wie wir es im Beispiel von Anna erfahren haben. Auch das kann erleichternd sein, wenn nicht alles erst diskutiert, überlegt und abgewogen werden muss. Arbeitsteilung in der Partnerschaft ist durchaus sinnvoll. Das Modell Frau-kümmert-sich-ums-Kind und Mann-verdient-Geld, hat jahrzehntelang funktioniert. Es kann auch heute hervorragend funktionieren, wenn beide damit zufrieden sind.

Die Geschichte von Anna hat jedoch gezeigt, dass ein Zustand, der eine gewisse Zeit in Ordnung war, sich durchaus verändern kann. Wie auch bei den Regeln sollten wir solche Glaubenssätze hinterfragen, wenn wir uns eingeengt fühlen. Glaubenssätze können erdrückend wirken, vor allem dann, wenn sie uns nicht bewusst sind. So auch in Annas Fall. Anna hat das Gefühl, sie muss für alle funktionieren. Schon früh hat sie gelernt, dass sie als Mutter für ihr Kind da sein muss und gleichzeitig auch der Betrieb eine hohe Priorität hat. Es ist einer von Annas unbewussten Glaubenssätzen. Sie hat das Gefühl: Nur so ist es richtig. Schafft sie es nicht, sich richtig um ihre kleine Tochter zu kümmern, fühlt sie sich als schlechte Mutter. Arbeitet sie weniger im Betrieb, fühlt sie sich nicht belastbar.

Natürlich lassen sich Glaubenssätze auflösen und die damit verbundenen Regeln ändern. Die Gefahr liegt jedoch darin, dass wir nicht merken, wie wir ähnlich einer Marionette, diesen unbewussten Glaubenssätzen und Regeln folgen. Folglich können wir sie auch nicht ändern.

Wie können wir das Dilemma lösen? Zunächst: Du merkst, dass du unbewusste Glaubenssätze und Regeln hast, wenn du folgende Gedanken hast:

- Ich mache/esse/tue/ immer ..., weil ...
- Das muss so sein
- Das ist immer schon so gewesen
- Das mache ich seit meiner Kindheit schon so
- Das geht doch nicht
- Das macht man nicht
- Freundinnen sollten
- Väter/Mütter/Eltern müssen
- Männer/Frauen sollten ... dürfen nicht/ich darf nicht
- Im Alter von XY (z. B. 40) sollte man
- Jetzt geht es noch, aber später nicht mehr
- Das gehört sich so
- Alle machen das so
- Die anderen sehen das auch so
- Man macht das so
- Das ist so
- Ich habe ein schlechtes Gewissen, weil

Immer, wenn die Wörtchen „man" - „müssen" - „sollen" - „immer" - „nie" - „alle" in deinen Gedanken auftauchen, solltest du sehr achtsam sein. Könnte es sich um einen unbewussten Glaubenssatz handeln?

Maria und Simone

Noch ein Beispiel: Maria begegnet ihrer früheren Schulfreundin Simone. Diese erzählt ihr, dass sie nun eine vierwöchige Yogalehrerausbildung in Norddeutschland macht. „Und was ist mit den Kindern?", fragt Maria. Es stellt sich heraus, dass Simone alles gut organisiert hat. Der Kindergarten kommt ihr mit den Zeiten entgegen und die älteren Kinder kommen immer zuverlässig um 14 Uhr nach Hause. Für diese Zeit hat ihr Mann mit seinem Arbeitgeber vereinbart, dass er schon um 13.30 Uhr geht. Er muss ohnehin Überstunden abbauen, und falls alle Stricke reißen, kann er ganz wichtige Arbeiten noch am Abend am Laptop erledigen. Maria nickt und lächelt Simone zu. „Toll!", sagt sie. Innerlich ist sie jedoch empört. Wie kann Simone wegen einer Yogalehrerausbildung ihre Kinder vier Wochen sich selbst überlassen? Und für den Vater ist es ja auch eine ganz schöne Zumutung. Er muss arbeiten gehen und dann noch für die Kinder da sein. Während Maria nach Hause fährt, steigert sie sich immer mehr ihre Empörung hinein. Sie ärgert sich und ist wütend, dass Simone so unverfroren ist. Wie gut, dass sie immer für die Kinder da ist und sich kümmert. Maria arbeitet jeden Tag von 8-13 Uhr als Sachbearbeiterin in einem Büro. So ist sie mittags immer für ihre Kinder da. Sie kommt 10 Minuten früher und bereitet dann das Mittagessen zu. Das setzt sie oftmals unter Druck. Aber gerade jetzt ist sie sehr froh darüber, schließlich macht sie alles richtig.

Als Maria abends im Bett liegt, springt das Gedankenkarussell wieder an. Wieder und wieder empört sie sich über Simone. Wie kann sie nur? So was macht man doch nicht. Das würde sie nie tun. Natürlich wäre sie auch gerne mal vier Wochen weg. Gerne hätte sie den Rat der Ärztin angenommen, eine Kur zu machen. Aber das geht doch nicht. So egoistisch wäre sie nie.

Warum ist Maria so empört? Eigentlich hat sie doch mit Simone gar nicht viel zu tun. Trotzdem reagiert sie sehr emotional und ärgert sich noch tagelang darüber. Marias Gedanken werden wie von unsichtbaren Bändern gezogen, an deren Ende dieser Glaubenssatz steht:

Eine Mutter ist immer für ihre Kinder da! Maria ist das allerdings nicht bewusst, dass sie so denkt. Schließlich unternimmt sie auch mal etwas ohne die Kinder. Die beiden Jungs sind jetzt 10 und 12 Jahre. Da kann man sie schon mal allein lassen. Manchmal häufen sich die Termine am Nachmittag, dann hat sie doch ein schlechtes Gewissen. Ihre Mutter hätte das nie gemacht. Sie war am Nachmittag fast immer da. Einkäufe und ähnliches erledigte sie am Vormittag. Auch heute noch leuchten die Augen von Marias Mutter, wenn sie voller Stolz sagt: „Ich war immer für euch da!"

Dieser Glaubenssatz steckt tief in Marias Unterbewusstsein: „Ich muss immer für meine Kinder da sein. Sie brauchen mich. Ein Vater kann das nicht so gut. Nichts kann eine Mutter ersetzen." Anders als ihre Mutter „erlaubt" sie sich eigene Aktivitäten und Zeit für sich am Nachmittag, doch oft genug hat sie deswegen ein schlechtes Gewissen. Unbewusst fühlt sie sich dadurch belastet und in ihrer Freiheit eingeengt. Die Kur hätte sie wirklich gebrauchen können. Ihr Mann hatte sie sogar dazu ermuntert, doch ihr Glaubenssatz, die unbewussten Regeln ließen das nicht zu.

Simone hingegen hat sich die Freiheit genommen. Auch sie hat in ihrer Kindheit die Erfahrung gemacht, dass die Mutter immer für die Kinder da war. Doch sie hat sich von diesem Grundsatz gelöst. „Heute ist das eben anders", sagt sie. „Väter sind heute genauso wichtig und ebenso Ansprechpartner wie

Mütter." Simone sieht gar kein Problem darin, dass ihr Mann für vier Wochen ihren Part übernimmt. Schließlich arbeitet sie auch in Teilzeit und kümmert sich anschließend um die Familie. Aus ihrer Sicht stellt es gar keine Belastung für ihren Mann dar. Ganz im Gegenteil: „Dann hat er doch mal mehr Zeit für die Kinder und ist näher dran." Ihr Mann empfindet das übrigens ganz ähnlich. Er freut sich auf die Zeit: Auch für ihn bedeutet es eine willkommene Abwechslung vom sonstigen Alltag. Wie befreiend wäre es, wenn Maria ihre Glaubenssätze bezüglich der Mutterrolle loslassen könnte. Wie viel an Freiheit würde sie gewinnen.

Decke deine Glaubenssätze auf

✏ Deine Aufgabe: Decke deine Glaubenssätze auf!

1. Setze dich entspannt hin.
2. Um zur Ruhe zu kommen, beginne mit dem Bodyscan und reise in deinen Gedanken durch den Körper.
3. Überdenke deinen Alltag, deine Tagesabläufe. Wo fühlst du dich eingeengt? Wo spürst du ein Gefühl von Enge?
4. Hast du so einen Glaubenssatz oder eine Regel entdeckt, die dir ein Gefühl von Enge geben? Dann stelle dir vor, du würdest diese Regel auflösen. Wie fühlt sich das an? Spürst du ein Gefühl von Weite?
5. Stelle dir vor, es gäbe diesen Glaubenssatz, diese Regel nicht mehr. Wie sähe dein Leben dann aus? Wie fühlst du dich, wenn du darüber nachdenkst?
6. Kannst du dir für eine kurze Zeit erlauben, NICHT nach dieser Regel zu leben? Es einfach mal anders zu machen? Wie fühlst du dich dabei?
7. Möglicherweise hast du das Gefühl, du kannst diese Regel nicht auflösen. Kannst du sie so verändern, dass sie sich für dich stimmiger anfühlt? Gibt es eine Alternative?
8. Beende diese kleine Meditation mit einem schönen Bild von deinem Alltag: Von einer schönen Situation, wie du dich freust, die Sonne scheint ...
9. Beobachte dich von nun an in deinem Alltag. Schau dir die Sätze noch mal an: Erwischst du dich, dass du die gewissen Wörter und Sätze denkst, dann frage dich – ist das möglicherweise ein Glaubenssatz? Eine unbewusste Regel, nach der ich lebe? Ist das wirklich so? Muss das wirklich so sein?

Die 2. Meditation - Gedanken

Beobachte deine Gedanken

Sie beginnt, wie die erste Meditation. Von nun an wird jede Meditation so anfangen, damit du schnell wissen wirst, wie du vorgehst. In dieser Meditation kommt noch die Beobachtung deiner Gedanken hinzu.

Setze dich aufrecht und bequem hin.
Atme einige Male tief ein und aus.
Setze deine Intention, warum du meditieren möchtest.
Beginne nun durch deinen Körper zu reisen:

Spüre in deinen rechten Fuß ... Spüre in deinen rechten Unterschenkel
... das Knie ... den Oberschenkel
... die rechte Gesäßhälfte ... spüre deinen linken Fuß
... den Unterschenkel ... das Knie ... den Oberschenkel
... die linke Gesäßhälfte ... den Bauch ... den Brustraum
... die rechte Schulter ... den Oberarm ... den Ellenbogen ...
... den Unterarm ... die linke Hand
... den Daumen, Zeigefinger, Mittelfinger, Ringfinger, kleinen Finger
... spüre deine linke Hand
... den Daumen, Zeigefinger, Mittelfinger, Ringfinger, kleinen Finger
... den linken Unterarm ... den Ellenbogen ... den Oberarm
... die Schulter ... spüre deinen Hals... das Kinn
... den Kiefer ... die Zunge im Mund ... die Augen
... die Stirn ... und die Krone des Kopfes.

***Dein Atem** ... nimm nun deinen Atem wahr ... wie er ein ... und aus geht ... wo geht der Atem hin? ... in den Brustraum ... in die Kehle ... wo wird das Einatmen zum Ausatmen? Spürst du eine Pause zwischen dem Einatmen und dem Ausatmen? Beobachte deinen Atem genau ... wie ein Kind ... spürst du wie der Atem den Brustraum weitet? ... Wie fühlt es sich an, wenn du ausatmest? ... Was spürst du im Brustraum? ... Wie fühlt sich der Bauch an? ... Geht dein Atem ganz geschmeidig oder stockt er? ... Was fällt dir leichter? ... Das Einatmen oder das Ausatmen?*

***Deine Gedanken** ... nimm deine Gedanken wahr ... sind sie unruhig? Wirbelig? Träge? Gelangweilt? Freudig? Aufgeregt? Schnell hintereinander? Langsam? Unbedeutend? Sehr wichtig?*

Beobachte sie einfach für einige Minuten. Stell dir vor, du bist der Beobachter deiner Gedanken! Kannst du bemerken, ob du mehr negative, mehr neutrale oder mehr positive Gedanken hast? Lass die Gedanken einfach nur fließen ... an dir vorbei ziehen....
Verbeiße dich nicht in einzelne Gedanken ... lass sie immer wieder ziehen....

Zum Abschluss nimm noch mal für einige Minuten deinen Atem wahr ... hat er sich verändert? Ist er schneller .... langsamer geworden ... Atmest du tiefer .... flacher ... gleichbleibend ...

Anschließend komme wieder ganz im Hier und Jetzt an. Spüre in deinen Körper, wie du gerade sitzt. Wenn du soweit bist, öffne deine Augen. Erinnere dich an deine Intention.

Belastung durch Gedanken

Immer mehr Menschen fühlen sich durch ihre Gedanken belastet. Fühlen sich wie Marionetten ihrer Gedanken. Selbst wenn sie ihre Gedanken stoppen wollen, hören sie nicht auf, sie zu quälen. Die Gedanken scheinen ein Eigenleben zu führen. Nimmt das Gedankenkarussell erst mal an Fahrt auf, wird es immer schwerer abzuspringen. Gedanken können zu einem Gefängnis werden, das eng und beängstigend ist.

Sophie

So geht es auch Sophie. Sophie lebt mit ihrem Freund zusammen. Sie führen eine harmonische Beziehung. Sophie arbeitet in einer Bank und die Arbeit macht ihr im Großen und Ganzen Freude. Nach der Arbeit fährt sie oft zu ihren Eltern und isst dort. Ihre Mutter kocht für sie mittags mit. Sie nutzen die Zeit, um sich was zu erzählen. Anschließend fährt Sophie in ihre Wohnung. Ihr Freund Tom hat in der Kantine gegessen. Häufig fahren sie noch gemeinsam ins Fitnessstudio. Wenn sie gegen 21.30 Uhr heimkommen, essen sie gemeinsam noch einen kleinen Snack und lassen den Abend vor dem Fernseher ausklingen. Manchmal schläft Sophie ganz erschöpft ein. Oft jedoch liegt sie noch lange wach und grübelt. Gespräche mit Kollegen tauchen auf, sie plant die Arbeit für den nächsten Tag, überlegt hin und her, wie sie die Zeit besser einteilen kann, wenn das Quartalsende ansteht. Besonders an Tagen, wo die Dialoge mit Kunden unangenehm oder erfolglos waren, geht sie die Gespräche immer wieder durch. Was hätte sie besser machen können? Sophie möchte ihre Arbeit gut machen, richtig gut. Sie weiß, dass sie als Frau top sein muss, wenn sie Karriere machen will. Ihr Freund glaubt an sie. Für ihn ist es klar, dass sie „alle einstecken wird". Als Beamter bei der Stadt bekommt er zwar ein gutes Gehalt, aber Sophie verdient deutlich mehr. Er träumt schon vom gemeinsamen Haus. Manchmal sagt er lachend zu ihr: „Und wenn wir dann ein Kind haben, dann werde ich Hausmann!" Immer wieder gehen ihr auch die Gespräche mit ihrer Mutter durch den Kopf. Ihre Mutter fühlt sich in der Ehe mit Sophies Vater nicht wohl. Schon lange ist sie unglücklich. Am liebsten würde sie sich trennen, aber das kommt nicht infrage. Das kann sie sich nicht leisten. Sophie hört sich die Probleme der Mutter mitfühlend an. Mehr kann sie schließlich nicht für sie tun. Auch für sie ist klar, dass eine Trennung der Eltern nicht infrage kommt. Und überhaupt, welche Ehe ist schon so richtig glücklich.

Immer wieder passiert es, dass Sophie gegen drei oder vier Uhr morgens aufwacht und nicht wieder einschlafen kann. Dann scheint alles aussichtslos zu sein, dann hat sie das Gefühl, nur noch von Problemen umgeben zu sein. Die Erwartungshaltung ihres Freundes setzt sie zusätzlich unter Druck.

Eigentlich ist es doch ganz normal, dass wir immer irgendetwas denken? Warum können Gedanken also zu einer solchen Belastung werden?

Körper und Geist – deine Teamplayer

An dieser Stelle möchte ich zunächst auf Körper und Geist eingehen, bevor ich dir diese Frage beantworte.

Lange Zeit glaubte man, Körper und Geist trennen zu können. Körper und Geist arbeiten jedoch eng zusammen. Sie sind untrennbar. Die Aussage „Ich und mein Körper" ist in diesem Sinne also nicht richtig. Denn unser „Ich" ist nicht nur in unserem Gehirn, in unserem bewussten Denken verhaftet, sondern noch viel mehr in unserem Körper, als wir erahnen. Unser Denkvermögen, unsere Reaktionsfähigkeit verdanken wir den Neuronen im Gehirn. Den Neuronen und ihrer Vernetzung. Wusstest du, dass auch im Darm (wir nennen es das Bauchgehirn) und im Herzen Neuronen zu finden sind? Informationen werden nicht nur vom Gehirn zum Herzen und zum Darm versendet, sondern auch umgekehrt. Das bedeutet, unser Darm und unser Herz versenden Informationen ans Gehirn und dieses reagiert darauf. So fand das renommierte Heart Math Institute heraus, dass unser Herz nur zu 35 % Muskelzellen aber zu 65 % aus Nervenzellen besteht. Und es besitzt über 40.000 echte Gehirnzellen mit einem Kurzzeit- und einem Langzeitgedächtnis! Unser Herz ist also viel mehr als nur ein Muskel. Es ist eine zentrale Schaltstelle und verfügt über eigene Intelligenz. Auch das Herz wertet daher Informationen aus und schickt Impulse an das Gehirn. Wir nehmen das als „Wegweiser" aus dem Herzen wahr. Erstaunlicherweise ist das Herz sehr viel schneller in der Auswertung als unser Gehirn[2]. Wir sollten also nicht nur auf unser Bauchgefühl, sondern auch auf unser Herzgefühl „hören". So bestätigt sich nun wissenschaftlich die wunderschöne Aussage „Nur mit dem Herzen sieht man gut" aus dem Buch „Der kleine Prinz"[3].

Sicherlich hast du schon mal vom Eisbergmodell gehört: Unsere bewussten Gedanken, d.h. unsere Entscheidungen, das Finden von Lösungen usw. ist nur die Spitze des Eisbergs. Etwa 5 % machen unsere bewussten Gedanken aus. Der große Rest von 95 % sind unbewusste Gedanken, Entscheidungen und vor allem Emo-tionen, die da auf uns lauern.

---

[2] HeartMath Institute: SCIENCE OF THE HEART Exploring the Role of the Heart in Human Performance. 2015

[3] Antoine de Saint-Exupéry: Der kleine Prinz.

Wenn sich also Sophie am Samstag dazu entscheidet, einen zusätzlichen Tag zu ihrer Mutter zu fahren, weil ihr Freund sowieso zum Fußballspiel geht, dann ist das eine bewusste Entscheidung. Was aber hat dazu geführt? Einige unbewusste Signale, Glaubenssätze und Emotionen waren da am Werk:

Gedanken und Emotionen

Gedanke	Emotion
Am Samstagnachmittag fühlt sich Mama immer besonders einsam.	→ Mitgefühl, schlechtes Gewissen.
Wenn ich nicht hinfahre, hat sie keinen anderen.	→ Mitleid, sich verpflichtet fühlen.
Mama ist bestimmt traurig, wenn sie erfährt, dass ich Zeit gehabt hätte.	→ Angst vor Ablehnung.
Wenn mein Freund nicht da ist, fühle ich mich in unserer Wohnung einsam.	→ Angst vor Einsamkeit.
Wenn ich Mama besuche, mache ich was Sinnvolles.	→ Angst auf die eigenen Bedürfnisse zu hören.

Diese Gedanken und Emotionen laufen jedoch im Hintergrund, im Unbewussten ab. Sophie nimmt sie gar nicht wahr. Dennoch führen sie zur Entscheidung, auch am Samstag zu ihrer Mutter zu fahren, obwohl sie eigentlich gar keine Lust hat. Das heißt, wirklich frei entschieden hat sie sich nicht. Denn bereits am Samstagmorgen zieht sich bei Sophie der Magen zusammen. Ein Zeichen für ihre Unlust zur Mutter zu fahren. Doch Sophie versucht es zu ignorieren, indem sie gute Gründe sucht: Der Kuchen ist immer so lecker. Dann kann sie sich im Garten in die Sonne setzen. Es ist immer so entspannt bei der Mama. Sie muss sich um nichts kümmern.

Dennoch taucht immer wieder der Gedanken auf, eigentlich würde sie sich gerne mit ihrer Freundin treffen. Wieder läuft das Gedankenkarussell. Jeder Gedanke erzeugt im Körper eine Emotion. Jede Emotion erzeugt einen dazu passenden Gedanken und dieser – du ahnst es schon – erzeugt wiederum eine passende Emotion. Wie wir eben erfahren haben, können Körper und Geist nicht getrennt werden. Der Körper versucht immer wieder in Synchronität zu kommen – in Einklang. Und da das Unbewusste viel dominanter ist, als unsere bewussten Gedanken, sind Sophies Emotionen viel stärker, als ihre Gedanken. Sie spürt die negativen Emotionen bezügliche des Samstagbesuchs bei ihrer Mutter. Der Körper/Geist kreiert dazu durchaus die passenden Gedanken: „Ach, eigentlich habe ich gar keine Lust!" „Ich wünschte, mein Bruder würde sich auch mal Zeit nehmen!" Doch diese Gedanken passen wiederum nicht zu Sophies tief verankertem Pflichtgefühl ihrer Mutter gegenüber: Eine Tochter kümmert sich um ihre Mutter. Und die liebevoll gemeinte Aussage der Mutter: „Ich hab' doch sonst keinen außer dich!", tut ihr Übriges dazu.

Diese sehr unterschiedlichen Emotionen und Glaubenssätze spielen quasi Ping Pong mit ihren Gedanken. Je nachdem, welche Emotion gerade stärker aufploppt – das Gefühl der Unlust – das Gefühl der Verpflichtung – das schlechte Gewissen, lässt Sophies Gedanken von einem zum nächsten springen. Von „Ich habe eigentlich keine Lust!" zu „Aber Mama hat doch sonst niemanden!" Und so nimmt das Gedankenkarussell ordentlich an Fahrt auf. Und nicht nur das, während der Fahrt springen die Gedanken auch noch munter hin und her. Und die Emotionen machen mit.

Aus Sicht der meditativen Traditionen
leidet unsere gesamte Gesellschaft am
„ADHS-Syndrom"

Zitat Jon Kabbat Zinn

Zwischendurch wird Sophie sogar wütend: „Immer muss sie sich kümmern. Nie kommt ihr Bruder auf die Idee." Und schwupps folgt der rechtfertigende Gedanke: „Aber er wohnt ja auch so weit weg."

Unsere Gedanken können deshalb zu einer so großen Belastung werden, weil sie zum einen Energie kosten und zum anderen, weil mit unseren Gedanken Emotionen verbunden sind. Jeder Gedanke ruft eine Emotion im Körper hervor. So äußert sich Wut z.B. darin, dass sich der Bauch zusammenzieht. Die Angst lässt den Brustraum eng werden und der Zeitdruck lässt den Nacken hart werden. Dies sind nur einige Beispiele. Sie zeigen jedoch eindrucksvoll, wie sehr unsere Gedanken uns in die Mangel nehmen können.

Am Abend fühlt sich Sophie ganz erschöpft. Sicher, der Kuchen war lecker und sie hat auch noch ein Stündchen auf dem Liegestuhl im Garten verbracht.

Aber ihr Nacken ist ganz verspannt und seit Tagen hat sie schon Verstopfung. Die Mutter hat sich so sehr über die Tante aufgeregt, die schon wieder ihren Geburtstag vergessen hatte. Sophie versteht das und sie leidet mit der Mutter mit. Sie spürt nicht nur die Trauer der Mutter, sondern sie wird zu ihrer Trauer. Diese manifestiert sich bei Sophie körperlich. Der Brustraum zieht sich noch mehr zusammen. Auf der Fahrt nach Hause ärgert sie sich noch über die Tante, die so gedankenlos der Mutter gegenüber ist.

Nach außen hin war Sophie den ganzen Tag freundlich und wirkte ausgeglichen. Doch wir wissen jetzt, dass es in ihrem Inneren keineswegs so ausgeglichen zuging. Kein Wunder, dass sie am Abend ganz erschöpft ist.

Was können wir also tun? Und wie kann die Meditation uns dabei helfen, dass wir raus kommen aus diesem Sumpf an negativen Gedanken und Emotionen.

Bist du dir bewusst, was deine Gedanken mir dir machen?

Voraussetzung ist, dass wir uns dieser negativen Gedanken und Emotionen bewusst werden. Was fühle ich, wenn ich mich ärgere, ich wütend, traurig, unter Zeit- oder Schaffensdruck bin? Wo fühle ich es?

Das kannst du vor allem im Alltag wahrnehmen. Viele Sprichwörter helfen uns dabei:

- Die Zeit im Nacken haben.
- Eine schwere Last auf den Schultern haben.
- Etwas (eine Aufgabe) vor der Brust haben.
- Wut im Bauch haben.
- Schmetterlinge im Bauch haben.
- Das Herz ist so schwer.
- Etwas auf dem Buckel haben.
- Steine im Bauch haben.
- Ich habe so einen Hals!
- Ich bin auf 180 (Bezug zum Puls).
- Ich habe ein Brett vorm Kopf.
- Da kriege ich die Krätze.

Diese Sprichwörter zeigen uns schon sehr deutlich, wo sich unsere Gedanken körperlich manifestieren.

Wenn du dich ärgerst, dann halte einen Moment inne. Wo genau spürst du es? Im Kopf, im Nacken, in den Schultern, im Brustraum, im Bauch, im Becken, in den Beinen?

Deine Gedanken finden ihren Weg in den Körper

Je besser wir unsere körperlichen Signale wahrnehmen, desto schneller und achtsamer können wir sie auflösen. In der nächsten Meditation wirst du lernen, deine Gedanken und die körperlichen Reaktionen wahrzunehmen.

Was bewirkt das? Gedanken können wir auf lange Sicht nur ändern, wenn wir sie sehr bewusst wahrnehmen. Emotionen lassen sich auch nur auflösen oder verändern, wenn wir sie fühlen.

Also: Gedanken wollen bewusst wahrgenommen werden. Emotionen wollen gefühlt werden.

→ Erst dann ist Veränderung möglich.

Wenn es uns schlecht geht, neigen wir dazu, uns abzulenken: Durch Fernsehen, Freunde, Hobbys, soziale Medien. Das ist nicht immer verwerflich, allerdings gleicht es mehr einer Flucht. Gedanken kommen immer wieder und Emotionen lösen sich nicht einfach auf, nur weil du sie wegdrückst. Sie bleiben!

Sowohl Gedanken als auch Emotionen sind Energie, anders ausgedrückt: Sie sind energetische Ladungen. Energie löst sich nicht auf, sondern sie kann lediglich ihren Zustand verändern.

Du kennst das sicherlich: Gestern war da noch eine Pfütze auf der Straße. Heute ist sie weg. Das Wasser ist (scheinbar) nicht mehr da. Das Wasser ist durchaus noch da, aber eben nicht mehr im Zustand des Wassers und nicht mehr in der Pfütze: Aus Wasser wurde Wasserdampf, daraus wird Regen, Schnee oder Hagel. Genauso ist es mit unseren Gedanken. Sie werden zu Emotionen. Diese werden für uns sichtbar und fühlbar im Körper. Es ist eine elektrische, eine biochemische Form der Energie, die wir verändern können. So kann aus Angst Erleichterung werden. Aus Ärger kann Mitgefühl werden. Aus Wut kann Schaffenskraft werden.

Bestimmt hast du das schon mal erlebt: Du hast dich verabredet. Du wartest 5 Minuten, 10 Minuten, mittlerweile sind es schon mehr als 15 Minuten. Du wirst immer ärgerlicher. Deine Verabredung kommt. Bevor du etwas sagen kannst, erzählt sie dir ganz aufgeregt von dem großen Unfall, den vielen Krankenwagen. Sie hätte direkt am Unfallort gestanden und musste warten, bis die Polizei die Straße freigab. Augenblicklich schlägt dein Ärger um. Du bist erleichtert, dass ihr nichts passiert ist. Dein Ärger ist wie weggeblasen.

Auch hier: Oft meinen wir, der Ärger habe sich aufgelöst. Jedoch ist aus dem Ärger einfach Erleichterung geworden. Und aus der Erleichterung wurde dann vielleicht eine Form von Mitgefühl für deine Freundin. Für sie war es sicherlich auch belastend, diesen Unfall hautnah miterlebt zu haben.

Umso besser es uns gelingt, Emotionen im Körper wahrzunehmen, desto größer ist die Chance die Emotionen in etwas Positives, Konstruktives umzuwandeln. Das kannst du zwar im Alltag üben, doch die Meditation bietet dir dafür einen entspannten Rahmen: So kann sich dieser Prozess tief verankern: Gedanke → Emotion im Körper → wahrnehmen → fühlen → verändern.

Natürlich zeigen sich auch positive Gedanken durch positive Emotionen im Körper. Darauf gehen wir im nächsten Kapitel näher ein.

Die 3. Meditation - Emotionen

Emotionen wahrnehmen

In der letzten Meditation hast du gelernt deine Gedanken wahrzunehmen. Auch in dieser Meditation ist das deine Aufgabe. Nimm außerdem wahr, welche Wirkung deine Gedanken auf deinen Körper haben. Schlägt bei gewissen Gedanken das Herz schneller? Zieht sich der Bauch zusammen? Wird der Hals eng?

Setze dich aufrecht und bequem hin.
Atme einige Male tief ein und aus.
Setze deine Intention, warum du meditieren möchtest.
Beginne nun durch deinen Körper zu reisen:

Spüre in deinen rechten Fuß ... Spüre in deinen rechten Unterschenkel
... das Knie ... den Oberschenkel
... die rechte Gesäßhälfte ... spüre deinen linken Fuß
... den Unterschenkel ... das Knie ... den Oberschenkel
... die linke Gesäßhälfte ... den Bauch ... den Brustraum
... die rechte Schulter ... den Oberarm ... den Ellenbogen ...
... den Unterarm ... die linke Hand
... den Daumen, Zeigefinger, Mittelfinger, Ringfinger, kleinen Finger
... spüre deine linke Hand
... den Daumen, Zeigefinger, Mittelfinger, Ringfinger, kleinen Finger
... den linken Unterarm ... den Ellenbogen ... den Oberarm
... die Schulter ... spüre deinen Hals ... das Kinn
... den Kiefer ... die Zunge im Mund ... die Augen
... die Stirn ... und die Krone des Kopfes.

__Dein Atem__ ... nimm nun deinen Atem wahr ... wie er ein .... und aus geht .... wo geht der Atem hin? ... in den Brustraum ... in die Kehle ... wo wird das Einatmen zum Ausatmen? Spürst du eine Pause zwischen dem Einatmen und dem Ausatmen? Beobachte deinen Atem genau ... wie ein Kind ... spürst du wie der Atem den Brustraum weitet? ... Wie fühlt es sich an, wenn du ausatmest? ... Was spürst du im Brustraum? ... Wie fühlt sich der Bauch an? ... Geht dein Atem ganz geschmeidig oder stockt er? ... Was fällt dir leichter? Das Einatmen oder das Ausatmen?
Deine Gedanken ... nimm deine Gedanken wahr ... sind sie unruhig? Wirbelig? Träge? Gelangweilt? Freudig? Aufgeregt? Schnell hintereinander? Langsam? Unbedeutend? Sehr wichtig?

Beobachte sie einfach für einige Minuten. Stell dir vor, du bist der Beobachter deiner Gedanken! Kannst du bemerken, ob du mehr negative, mehr neutrale oder mehr positive Gedanken hast?

Wie wirken sich deine Gedanken aus? Welche körperlichen Reaktionen spürst du? Wo spürst du sie genau? Was verändert sich, während du diese körperlichen Veränderungen spürst? Spüre in sie hinein!

Lass die Gedanken einfach nur fließen ... an dir vorbei ziehen ...
Verbeiße dich nicht in einzelne Gedanken ... lass sie immer wieder ziehen ...
Zum Abschluss nimm noch mal für einige Minuten deinen Atem wahr ... hat er sich verändert? Ist er schneller ... langsamer geworden ... Atmest du tiefer ... flacher ... gleichbleibend...

Anschließend komme wieder ganz im Hier und Jetzt an. Spüre in deinen Körper, wie du gerade sitzt. Wenn du soweit bist, öffne deine Augen. Erinnere dich an deine Intention.

Die Lebensfreude

Wovon willst du mehr in deinem Leben? Warum ist die Meditation ein Trainingslager? Können wir Glück lernen?

Wenn du mehr Freude, mehr Glück, mehr Zufriedenheit, dich mehr geliebt fühlen willst in deinem Leben, dann ist es an der Zeit eine Entscheidung zu treffen. Du kannst dich entscheiden, mehr davon in dein Leben zu holen. Ja, es ist eine aktive Entscheidung, die du selbst treffen darfst. Warum das so ist, dass erkläre ich dir nun:

Es ist eine Entscheidung, ob ich meinen Fokus auf die schönen, positiven Dinge im Leben richte oder auf die negativen. Sicherlich kennst du Menschen, die bestens darüber informiert sind, was täglich, stündlich, ja sogar minütlich Schreckliches in unserer Welt passiert. Politisch können sie genau sagen, was gerade schiefläuft und was man anders machen könnte. Gerne regen sie sich über politische Entscheidungen auf und ärgern sich über dieses oder jenes. Ich glaube, es wird deutlich, wofür sich diese Menschen entschieden haben. Es liegt an uns, welchen Dingen wir in unserem Leben mehr Raum geben. Ein Spaziergang in der Natur kann ebenso beglückend sein, wie ein neues Kleidungsstück. Ein Sonnenuntergang kann ein gewaltiges Naturerlebnis sein, ebenso wie das teure Musik- oder Sportevent. Ein gemeinsamer Ausflug in die nähere Umgebung mit Freunden oder dem Partner kann ebenso erfüllend sein, wie die Reise nach Bali. Ein leckeres Brot mit gutem Aufschnitt und einem Gürkchen kann ebenso zufrieden machen, wie das teure 5-Sterne-Menü. Es spricht nichts dagegen, sich mal das Besondere zu gönnen. Es ist jedoch ein Trugschluss zu glauben, allein das Besondere könne dich glücklich machen.

> *„Die wahre Lebenskunst besteht darin,*
> *im Alltäglichen das Wunderbare zu sehen."*
> *Pearl S. Buck*

Was macht dich glücklich und zufrieden? Was gibt dir ein Gefühl von Fülle, von geliebt sein? Welche Menschen tun dir gut? Welche Orte geben dir Kraft? Welche Musik hebt deine Stimmung? Was bringt dich zum Lachen?

Es ist an dir, diesen Dingen mehr Raum in deinem Alltag zu geben. Mach dich auf die Suche nach ihnen. Ich bin sicher, es gibt sie schon, denn auch hier gilt: Mach sie dir bewusst. Oftmals sind es die Kleinigkeiten:

- Die Tasse Kaffee, die du ganz bewusst genießt.
- Das heiße Bad oder die Sauna nach einem langen Tag.
- Das Treffen mit deinem Freund oder deiner Freundin.
- Der lustige Film.

- Der Song, der dich mitreißt.
- Die Musik, die dich zur Ruhe kommen lässt.
- Der Spaziergang durch die Natur.
- Dein Lieblingscafé.
- Dein Haustier.
- Ein Ausflug mit deiner Familie.
- Das gute Buch.

Beobachte dich einmal selbst in den nächsten Tagen. Besonders nachhaltig wird es, wenn du dir die Situationen aufschreibst. Dazu möchte ich dir eine kleine Anekdote erzählen:

Die Sache mit dem Glück

Hier kommt meine Lieblingsgeschichte zum Thema „Glück":
In einer Zeitschrift wurden Menschen aufgerufen zu erzählen, was für sie „Glück" bedeute. Ein Mann schrieb dazu:

„Ich hatte eine Ballonfahrt gebucht. Sie sollte ungefähr zwei Stunden dauern. Wir wurden angewiesen, vorher noch mal zur Toilette zu gehen. Ein bisschen musste ich darüber schmunzeln, als der Ballonfahrer mit einem Augenzwinkern sagte: „Wir halten nicht an!" Das hatte ich meinen Kindern auch immer vor längeren Autofahrten gesagt. Als der Ballon in die Lüfte stieg, immer höher und höher, war ich tief beeindruckt. Diese Stille, die Welt von oben war einfach faszinierend. Leider machte sich auch meine Blase bemerkbar. Vor lauter Aufregung musste ich immer dringender zur Toilette. Keine Chance. Ein Glücksgefühl durchströmte mich, als ich nach der Ballonfahrt endlich zur Toilette gehen konnte!"

Zum Glück braucht es keine Ballonfahrt und eine volle Blase, damit wir das Glück genießen können. Aber es braucht den positiven Blick auf die Ereignisse, die uns unser Alltag beschert. Natürlich gibt es Zeiten in unserem Leben, da fällt es uns sehr schwer, den positiven Blick zu wahren. Möglich ist es jedoch, und wenn es auch nur ganz kleine Dinge sind, wie das erste Schneeglöckchen nach einem langen Winter.

Glück, Zufriedenheit, Liebe, Fülle, all dies zeigt sich häufig in dem Gefühl der Freude – der Lebensfreude. Und damit kommen wir erneut zu den Emotionen. Im letzten Kapitel hast du schon gelernt, dass Emotionen das körperliche Resultat unserer Gedanken sind:
Ich nehme etwas Positives wahr → denke einen positiven Gedanken → fühle Freude/Liebe/Glück usw.

Wenn das geschieht, ist der Körper im Einklang – in Homöostase. Alle körperlichen Funktionen sind im Gleichgewicht. Daher funktionieren Affirmationen auch nicht. Wenn du affirmierst: „Ich bin glücklich!" und du fühlst es nicht, dann „erkennt" dein Körper/Geist diesen Widerspruch und es entsteht ein Widerstand. Du erreichst also mit Affirmationen eher das Gegenteil, wenn du sie nicht gleichzeitig fühlst.

Daher muss diese Kette eingehalten werden, damit sich in deinem Leben etwas verändern kann: Wahrnehmung – Gedanke – Emotion. Und durch das Fühlen der Emotionen kreiert dein Körper wiederum die dazu passenden Gedanken. Ein Engelskreislauf!

Der Engelskreislauf

Nun kommen wir also zum wesentlichen Teil: Du machst dir bewusst, was dir in deinem Alltag Freude bereitet. Beispielsweise beobachtest du deinen Hund beim Spielen (Wahrnehmung). Du denkst: „Einen Moment habe ich noch, bevor ich losmuss. Dieses Schauspiel schaue ich mir noch an!" Du empfindest Freude dabei (Emotion). Dein Körper schickt dir die entsprechenden Gedanken „Toll, dass ich einen so glücklichen Hund habe!"

Wichtig ist nun, dass dir bewusst wird, wo du die Freude empfindest: Im Bauch? Im Brustraum? Im Herzen? In den Mundwinkeln? In den Augen? Zeichne eine mentale Landkarte deiner Freude.

Das könnte so aussehen: Wenn ich mich freue, dann wird mein Brustraum ganz weit. Ich spüre mein Herz fester, als wenn es mehr durchblutet wird. Es ist, als ob eine Energie nach oben steigt: In meine Kehle, zu meinen Mundwinkeln und in meine Augen.

Nun weißt du, welche Situationen dir Freude bereiten und wie sich das in deinem Körper anfühlt. Das machen wir uns in der Meditation zunutze. Immer wieder sagen mir Teilnehmer, dass sie mit Erschrecken festgestellt haben, dass sie gar nicht mehr wissen, wann sie sich das letzte Mal so richtig gefreut haben. Meistens liegt das nicht an einem Mangel an Anlässen, sondern weil wir verlernt haben uns zu freuen. Um sich so richtig zu freuen, braucht es eben auch die körperliche Reaktion.

Nehmen wir noch mal das Fallbeispiel Sophie auf. Als sie mit ihrer Mutter im Garten sitzt, sagt die Mutter: „Ach schau mal, wie schön die Rose blüht!" Die Mutter wirkt ganz begeistert und steht sogar auf, um die Rose aus der Nähe zu betrachten und an ihr zu riechen. Sophie sieht auch die Schönheit der blühenden Rose und sagt: „Ja, schön!" Doch sie fühlt es nicht. Hätte ihre Mutter sie nicht darauf aufmerksam gemacht, so hätte sie die Rose vermutlich gar nicht wahrgenommen. Sophie war gedanklich ganz weit weg: Sie ging noch mal das unangenehme Gespräch mit ihrer Kollegin durch. Sie war ganz in ihren negativen Emotionen gefangen.

So ergeht es vielen Menschen. Sie haben verlernt, sich auf die schönen Dinge im Leben zu fokussieren und sie mit Achtsamkeit wahrzunehmen. In Sophies Beispiel würde das bedeuten: Sophie schiebt die Gedanken an die Kollegin weg und fokussiert sich ebenfalls ganz auf die Rose. Vielleicht geht sie sogar hin und schnuppert an ihr und denkt: „Ach, die ist aber wirklich schön! Toll, dass sie gerade jetzt so schön blüht, wenn ich hier bin!" Die Chancen stehen gut, dass Sophie nun auch eine dazu passende Emotion, nämlich die Freude, spürt.

Die Meditation ein Trainingslager

In der Meditation können wir die Emotionen, die wir uns für unser Leben wünschen üben. Im Grunde genommen ist sie für dich das, was für Sportler ein Trainingslager ist.

Nehmen wir als Beispiel die Fußballer. Einmal im Jahr fahren sie nach Österreich. Fern ab von Terminen, Familie, Freunden geben sie sich ganz dem Fußballtraining hin. Es gibt nur minimale Ablenkungen. Im Trainingslager sind die Bedingungen optimal: Das Essen, das Wetter, das Klima, alles ist ideal auf das Training abgestimmt. Die Spieler fokussieren sich auf ganz bestimmte Ziele oder Inhalte. Sie trainieren das Zusammenspiel und üben bestimmte Pässe. Im Trainingslager können sie das bestmögliche aus sich herausholen. Der Trainer lehrt sie mental und körperlich die anvisierten Ziele zu verinnerlichen, sodass sie diese später im Spiel leichter abrufen können. Die Spiele finden meistens nicht unter optimalen Bedingungen statt. Oft sind sie am Abend und das Wetter oder das Klima ist unter Umständen auch nicht ideal. Zudem gibt es zahlreiche Ablenkungen durch die Fans. Bestimmte Abläufe haben die Spieler im Training jedoch so oft geübt, dass sie diese im Spiel nun weitgehend automatisiert abrufen können. Beim Elfmeter beispielsweise muss der Spieler nicht lange überlegen, wie er am besten anläuft. Sein Körper weiß genau, was zu tun ist. Auch bei dir gibt es automatisierte Abläufe, über die du gar nicht mehr nachdenken musst. Es sind Handlungen, die dein Köper von allein kann, du brauchst ihm keine Anweisung mehr zu geben.

Beim Autofahren, Schleife binden, Pin eingeben oder beim Schreiben mit Tastatur – all das ist automatisiert und über den Körper abrufbar. Willst du einem Kind erklären, wie es eine Schleife binden soll, dann kommen die meisten von uns ins Straucheln. Auf der Verstandesebene ist das gar nicht abgespeichert, der Körper kennt die nötigen Handgriffe viel besser als der Verstand.

Deine Neuronen – deine Verbündeten

Natürlich sind diese motorischen Bewegungen auch in unserem Gehirn abgespeichert. Neuronen arbeiten zusammen und schicken sich gegenseitig Signale. Je öfter sie das tun, desto mehr verfestigen sich Abläufe. So hat jedes Kind zunächst Schwierigkeiten eine Schleife zu binden. Am Anfang gelingt es nur mit Hilfe, später führt das Kind die Bewegungen noch ungeschickt, aber selbstständig durch. Irgendwann ist die Bewegung so automatisiert, dass das Kind gar nicht mehr mitdenken muss, sondern sich währenddessen unterhalten kann. Der Neuronenkreis ist so oft aktiviert worden, dass der Ablauf nun im Unterbewusstsein verankert ist.

Genau das können wir uns in der Meditation zunutze machen. In der Meditation schaffen wir uns optimale Bedingungen: So wenig Ablenkung wie möglich; ein Zeitfenster, das uns erlaubt ohne Zeitdruck zu sein; eine möglichst bequeme Haltung. Das kennst du ja schon. Gleichzeitig fahren wir den Körper runter, in einen für Veränderungen optimalen Zustand. D.h. wir signalisieren dem Körper durch unsere Gedanken: „Du kannst jetzt entspannen, wir müssen nicht gleich los. Wir können jetzt ganz in Ruhe hier sitzen."

Durch die Körperreise, die du zu Beginn jeder Meditation machst, „weiß" dein Körper schon, dass er jetzt loslassen darf. Die Muskeln werden weicher, der Puls langsamer und die Herzfrequenz regelmäßiger. Allerdings geschieht das nur, wenn auch deine Gedanken entspannt sind. Denkst du während der Meditation immer noch über die Auseinandersetzung mit dem Partner nach, dann wird dein Puls ganz schnell hochgehen und die ganze Entspannung kommt abhanden. Daher sind gerade am Anfang angeleitete Meditationen sehr sinnvoll. Immer wenn Gedanken kommen, die nichts mit der Meditation zu tun haben, fokussierst du dich wieder auf die Anleitung in der Meditation.

Jede Meditation braucht also einen Fokus. Das kann der Atem sein, die Körperreise, ein bestimmtes Bild in deiner Vorstellung, deine körperlichen Empfindungen oder du fokussierst dich auf bestimmte Sätze, die du immer wiederholst. Die Meditation ist also nicht dafür vorgesehen, um ganz entspannt deinen Gedanken nachzuhängen oder die nächste Party zu planen. In der Meditation lernst du, deine Gedanken zu steuern. Schließlich bist du der Chef im Ring. Leider verselbstständigen sich unsere Gedanken nur allzu oft. Wie oft erwischen wir uns dabei, dass wir schon wieder an die unfreundliche Verkäuferin denken und was wir ihr alles hätten sagen sollen. Eigentlich wollen wir das gar nicht, aber unsere Gedanken kehren einfach immer wieder zu dem Ereignis zurück. In der Meditation, die dein optimales Trainingslager ist, lernst du, dass du die Bestimmerin, der Bestimmer über deine Gedanken bist. Es braucht allerdings Übung, viel Übung, um seine Gedanken in die gewünschte Richtung zu lenken. Und dafür ist die Meditation äußerst hilfreich, eben weil wir da in einem entspannten Zustand sind. Alles, was wir in der Meditation üben, können wir später im Alltag anwenden. Und das zunehmend besser.

Wie du deine Gedanken erziehst

Circa 60.000 bis 80.000 Gedanken denken wir jeden Tag. Davon sind rund 90 % immer die gleichen Gedanken. Lasse es dir auf der Zunge zergehen. In unterschiedlichen Variationen denken wir täglich dasselbe. Wir denken also nur zu einem Bruchteil neue Gedanken. Es ist immer wieder die gleiche Leier: Tag für Tag, Woche für Woche, Monat für Monat, Jahr für Jahr. Doch stopp, wir wollen ja etwas verändern. Diese Leier durchbrechen wir nun durch die Meditation.

Stell dir vor, deine Gedanken sind wie ein junger Hund. Dieser läuft hin und her. Wenn du ihn rufst, kommt er nur, wenn er Lust hat. Besonders schnell kommt er natürlich, wenn du eine Belohnung für ihn hast. Ansonsten lässt er dich gerne links liegen. Nimmst du ihn an die Leine zieht und zerrt er erst in die eine Richtung und dann in die andere. Ist er aufgeregt, dann springt er noch zusätzlich hin und her. Am Ende des Spaziergangs ist er dann hoffentlich müde und geht folgsam neben dir her. Du kannst mit dem Hund meckern, doch das wird ihn kaum zu dir locken. Sprichst du liebevoll und formulierst dein Anliegen klar und bestimmt, sind die Chancen schon höher. Jeder Hundebesitzer weiß, dieser Prozess erfordert einfach viel Geduld und Ausdauer. Es wird noch einige Wochen dauern, bis der Hund brav an der Leine läuft.

Genauso ist es mit deinen Gedanken. Sie springen hin und her. Mal schneller, mal langsamer. Mal plätschern sie vor sich hin, mal sind sie so dominant, dass du ganz aufgeregt wirst. In der Meditation ist es nun deine Aufgabe, deine Gedanken immer wieder zurückzuholen zum eigentlichen Fokus – in diesem Beispiel der Atem. Du meckerst nicht und du bist auch nicht enttäuscht von dir. Jedes Mal, wenn du merkst, dass deine Gedanken sich wieder verselbstständigen holst du sie zurück – liebevoll.

Der Erfolg bei der Hundeerziehung ist umso höher, desto schneller du reagierst. Zieht der Hund schon fünf Minuten an der Leine, wird er deine Reaktion, ihn zu dir zurückzuholen kaum verstehen: „Was will dieser Mensch denn jetzt von mir, das war doch die ganze Zeit in Ordnung!" Reagierst du jedoch, sobald sich die Leine strafft, lernt der junge Hund mit der Zeit, dass sich die Leine nicht straffen soll.

So ist das auch mit deinen Gedanken. Sobald du den Fokus verlierst, also nicht mehr auf deinen Atem achtest und wieder an die Auseinandersetzung denkst, holst du deine Gedanken liebevoll zurück: „Wir sind jetzt beim Atem und nicht bei meinem Chef, ihr lieben Gedanken!". Du kannst dir jedes Mal (gedanklich) auf die Schulter klopfen, sprich dich freuen, wenn du merkst, dass deine Gedanken wieder auf Wanderschaft gehen. Denn das ist gerade am Anfang das große Ziel: Überhaupt zu merken, dass die Gedanken sich wieder einmal verselbstständigen. Wie oft passiert es uns nämlich im Alltag, dass wir es nicht merken. Ohne, dass wir es wollen, haben wir uns wieder in das Gedankenkarussell begeben.

Gerade Anfängern passiert es übrigens in der Meditation, dass sie einschlafen. Das ist natürlich sehr entspannend. In meinen Kursen erlebe ich es immer wieder, dass Teilnehmer sich gerne hinlegen wollen. Doch es passiert viel zu oft, dass sie dann einschlafen. Anschließend fühlen sie sich zwar ganz erfrischt und entspannt, aber das eigentliche Ziel der Meditation ist nicht erreicht.

Zum Vergleich: Stell dir vor, der Hundebesitzer geht mit seinem Hund spazieren. Nach etwa 500 Metern kommt eine Bank. Die Sonne scheint und er beschließt, sich in die Sonne zu setzen. Er schließt die Augen und schläft ein. Der Hund ist ebenfalls bestens zufrieden, denn er hat einen alten Knochen gefunden. Nach 20 Minuten wacht der Hundebesitzer wieder auf. Er schaut auf die Uhr und stellt fest, es ist Zeit nach Hause zu gehen. Er ist bester Stimmung. Der Spaziergang war wirklich ganz entspannt. Auf den 500 Metern zwischen der Bank und seiner Wohnung brauchte er den Hund auch gar nicht anzuleinen, da auf dem Weg keine Autos fahren.

Zu Hause angekommen fragt seine Frau: „Und, wie hat es heute geklappt. Hat der Hund wieder so gezogen?" Der Hundebesitzer meint: „Nein, heute war es super. Er hat keinmal gezogen. Es war wirklich sehr entspannt. Ich glaube, er hat es endlich begriffen." Hat der Hund bei diesem Spaziergang wirklich was gelernt? Wohl kaum. Genauso wenig lernst du, deine Gedanken in die gewünschte Richtung zu verändern, wenn du immer einschläfst.

Zur Erinnerung: Wenn du etwas in deinem Leben verändern möchtest und beispielsweise mehr Freude in deinem Leben erfahren möchtest, dann funktioniert das nur, wenn du deine Gedanken veränderst. Deine Gedanken führen, wie wir nun wissen, zu der passenden Emotion, die wiederum für die dazu passenden Gedanken sorgt. Diesen Teufelskreislauf kennst du vermutlich zu Genüge.

Verändere deine Energie

Um etwas in deinem Leben zu verändern, musst du deine Energie verändern. Von (überwiegend) negativer zu (überwiegend) positiver Energie. Deine Gedanken sind die erste Stelle, an der du in der Meditation, und später auch im Alltag, ansetzen solltest. Darauf folgen deine Emotionen und so kann sich deine Energie ändern.

Um dich auf die Meditation vorzubereiten, solltest du dir nun ein wenig Zeit nehmen. Reflektiere die folgenden Fragen in deinen Gedanken oder schreibe die Antworten auf. Wenn du sie aufschreibst, sind sie definitiv nachhaltiger. Es geht vor allem darum, dass du dir deiner Freude bewusst wirst und die damit verknüpften Erlebnisse wieder in deine Gegenwart holst.

Die Landkarte deiner Freude

✍ Beantworte folgende Fragen:

- Worüber hast du dich in den vergangenen Tagen/Wochen gefreut?
- Ein Kompliment?
- Eine schöne Blume/Bild/Geschenk?
- Hast du über irgendetwas gelacht?
- Ein Witz?
- Ist etwas Lustiges passiert?
- Hat dich jemand zum Lachen gebracht?
- Hast du dich mit einem stillen leisen Lächeln tief in deinem Inneren gefreut?
- Hast du dich gefreut, weil dir etwas gut gelungen ist?
- Freust dich auf eine Einladung/ein Treffen/ein Ereignis, das noch vor dir liegt?

Und nun kommen wir zum Fühlen:
- Wo fühlst du es, wenn du dich freust? Erinnere dich daran, als du dich das letzte Mal gefreut hast und spüre in deinen Körper hinein.
- Wie fühlt sich das an?
- Wo spürst du es?
- In deinem Brustkorb?
- Im Herzen?
- Im Bauch?
- In den Mundwinkeln?
- In den Augen?
- Fühlst du eine Weite? Eine Leichtigkeit?

Versuche dieses Gefühl festzuhalten und ein bisschen zu bewahren. In der Meditation werden wir diesen Zustand der Freude implementieren. Je intensiver du die Freude spüren kannst, desto „wirklicher" wird es für dein Gehirn sein. Denn, das weißt du jetzt: Dein Gehirn kann nicht unterscheiden, ob du das tatsächlich erlebst oder ob die Freude nur in deinem Inneren stattfindet ohne äußeren Anlass. Dich in diesen Zustand der inneren Freude zu versetzen wird dir in der Meditation viel leichter fallen, als in deinem Alltag. Da stehen wir uns oft selbst im Weg, wenn wir angespannt, unter Zeitdruck, verärgert, oder mit unseren Gedanken schon bei unserer To-do-Liste sind. Du nutzt die Meditation also wie vorhin beschrieben als Trainingslager für deine Freude.

Damit verstärkst du diesen Bereich im Gehirn. Neuronen beginnen immer öfter gemeinsam zu feuern. Irgendwann braucht es immer weniger äußere Anlässe, damit du dich freuen kannst. Die Neuronen sind dann so gut aufeinander eingespielt, dass du schon durch Kleinigkeiten und immer öfter in die Freude kommst. Du wirst bemerken, dass sich dein ganzer Alltag viel sonniger und leichter anfühlt.

Nach einer gewissen Zeit der Meditation und der Übung wirst du feststellen, dass du innerhalb von wenigen Minuten vom Ärger in die Freude switchen kannst. Dein Körper ist dann so gut trainiert, dass er genau weiß, „was zu tun ist."

Sophie trainiert

So erging es auch Sophie. Sophie trat einem Meditationskurs bei. Dort lernte sie die Freude sehr bewusst zu spüren, und hervorzurufen. Eines Tages stand sie in der Küche und bereitete das Essen zu. Sie ärgerte sich über ihre Mutter, die sich wieder einmal über die Tante ausgelassen hatte. Sophie wollte das nicht mehr. Sie war es so leid, sich immer wieder diese Geschichten anzuhören. Immer wieder überlegte sie, was sie zu ihrer Mutter besser gesagt hätte. Wie immer hatte sie einfach nur zugestimmt. Am liebsten aber hätte sie der Mutter gesagt, sie solle endlich aufhören, sich bei ihr auszuheulen. Mit einem Mal wurde Sophie bewusst, dass der Nachmittag schon nicht so toll verlaufen war und nun stand sie auch noch am Abend hier und ärgerte sich. „Jetzt macht mir meine Mutter auch noch den Abend kaputt!", dachte sie resigniert. Doch schnell wurde ihr klar, dass sie die Einzige war, die das ändern konnte. Es lag an ihr, ob sie sich darüber ärgerte oder nicht.

„Ich will das nicht mehr", dachte sie bestimmt. Da hielt Sophie einen Moment inne. Sie erinnerte sich an die Meditation, als sie geübt hatten, die Freude tief in ihrem Inneren zu spüren und wie sich die Freude ausgebreitet hatte.

Entschlossen legte sie das Messer, mit dem sie gerade Kartoffeln schälte, zur Seite. Sie spürte in sich hinein und erinnerte sich wieder an ein schönes Ereignis, wo sie herzhaft gelacht hatte. Sie spürte, wie sich Leichtigkeit breitmachte, wie das Gefühl von Freude kam. Sie ging tiefer in dieses Gefühl hinein. Sie ließ den Ärger los und machte sich ihrer Freude bewusst. Immer wenn sie das Gefühl der Freude, des Lachens nicht mehr richtig spürte, rief sie sich das Ereignis wieder in Erinnerung.

Nach nur wenigen Minuten fühlte sie sich leicht und beschwingt und begann leise vor sich hinzusummen. Sie hatte durch die Meditation ihren Körper gelehrt, Freude zu empfinden. Als ihr Freund heimkam, lächelte sie ihn an. „Scheint ja ganz nett gewesen zu sein, bei deiner Mutter?", meinte ihr Freund Tim leicht überrascht. „Ja, war ganz gut", antwortete Sophie unbestimmt. Sie hatte nicht vor, den Ärger wieder hochzuholen. Und außerdem merkte sie in dem Moment selbst: Die ganze Sache war es gar nicht wert, sich darüber zu ärgern.

Nun wirst auch du dich in der Meditation an ein Ereignis der Freude erinnern. Du wirst spüren, wo und wie du Freude fühlst. Denke an deine Intention, entscheide dich für neue Gedanken und die damit verbundenen positiven Emotionen. Die Neuronenschaltkreise im Gehirn werden immer stärker, desto mehr du die Meditation übst: Du wirst bald merken, dass sich dein gesamter Alltag verändern wird. Vielleicht wirst du sogar bemerken, dass dich viel mehr Menschen anlächeln: Denn du hast dein Lächeln in die Welt hinausgeschickt.

Die 4. Meditation - Lebensfreude

Feel the Joy

In der letzten Meditation hast du gelernt, deine Gedanken wahrzunehmen. Du hast gespürt, wie sich die Gedanken auf deinen Körper auswirken und welche Emotionen du als Reaktion wahrnehmen kannst.

In dieser Meditation wirst du deine Gedanken nun sehr zielgerichtet steuern – in Richtung Freude!

Setze dich aufrecht und bequem hin.
Atme einige Male tief ein und aus.
Setze deine Intention, warum du meditieren möchtest.
Beginne nun durch deinen Körper zu reisen:

Spüre in deinen rechten Fuß ... Spüre in deinen rechten Unterschenkel
... das Knie ... den Oberschenkel
... die rechte Gesäßhälfte ... spüre deinen linken Fuß
... den Unterschenkel ... das Knie ... den Oberschenkel
... die linke Gesäßhälfte ... den Bauch ... den Brustraum
... die rechte Schulter ... den Oberarm ... den Ellenbogen...
... den Unterarm ... die linke Hand
... den Daumen, Zeigefinger, Mittelfinger, Ringfinger, kleinen Finger
... spüre deine linke Hand
... den Daumen, Zeigefinger, Mittelfinger, Ringfinger, kleinen Finger
... den linken Unterarm ... den Ellenbogen ... den Oberarm
... die Schulter ... spüre deinen Hals ... das Kinn
... den Kiefer ... die Zunge im Mund ... die Augen
... die Stirn ... und die Krone des Kopfes

Dein Atem *... nimm nun deinen Atem wahr ... wie er ein .... und aus geht .... wo geht der Atem hin? ... in den Brustraum ... in die Kehle ... wo wird das Einatmen zum Ausatmen? Spürst du eine Pause zwischen dem Einatmen und dem Ausatmen? Beobachte deinen Atem genau ... wie ein Kind ... spürst du wie der Atem den Brustraum weitet? ...*

Wie fühlt es sich an, wenn du ausatmest? ... Was spürst du im Brustraum? ... Wie fühlt sich der Bauch an? ... Geht dein Atem ganz geschmeidig oder stockt er? ... Was fällt dir leichter? ... Das Einatmen oder der Ausatmen?

Deine Gedanken ... nimm deine Gedanken wahr ... sind sie unruhig? Wirbelig? Trä-
ge? Gelangweilt? Freudig? Aufgeregt? Schnell hintereinander? Langsam? Unbe-
deutend? Sehr wichtig?
Beobachte sie einfach für einige Minuten. Stell dir vor, du bist der Beobachter dei-
ner Gedanken! Kannst du bemerken, ob du mehr negative, mehr neutrale oder
mehr positive Gedanken hast?
Lass die Gedanken einfach nur fließen ... an dir vorbei ziehen ... verbeiße dich nicht
in einzelne Gedanken ... lass sie immer wieder ziehen ...

Deine Freude ... nun erinnere dich an das freudige Ereignis,
worüber hast du dich gefreut ... spüre die Freude ...
Wo fühlst du sie?
Bleibe ganz bei diesem Gefühl ...
Nimm wahr, wie es intensiver wird...
Lass sich das Gefühl, wie Strahlen der Sonne in
deinem Körper ausbreiten ...
Sei ganz in dieser Freude ...
Tauche immer wieder ein, in die Erinnerung an das Ereignis ...
Tauche immer wieder ein ... wie hast du dich damals gefühlt ...
Wo hast du es gespürt ...
Lasse das Gefühl wachsen ...
Bade im Gefühl der Freude...

Zum Abschluss nimm noch mal für einige Minuten deinen Atem wahr ... hat er sich
verändert? Ist er schneller ... langsamer geworden ... atmest du tiefer ... flacher ...
gleichbleibend ...

Anschließend komme wieder ganz im Hier und Jetzt an. Spüre in deinen Körper,
wie du gerade sitzt. Wenn du soweit bist, öffne deine Augen. Erinnere dich an dei-
ne Intention.

Was Stress mit dir macht

„Es gibt im Gehirn vereinfacht gesprochen zwei verschiedene Angstsysteme. Das eine ist primitiv, hat sozusagen keinen Hochschulabschluss, und reagiert unmittelbar auf Bedrohung: eine Schlange, ein langes Messer, einen Abgrund."[4] so, der Angstforscher Borwin Bandelow. Der Körper schaltet auf den Überlebensmodus und das schützt im Akutfall vor psychischen Schäden. Das zweite Angstsystem ist die analytische Angst. Das heißt, wir denken bewusst über etwas nach und entwickeln eine Angst. Die Natur stattete uns Menschen mit Instinkten und einem automatisch ablaufenden Programm aus: dem Stressprogramm. Diese dienen unserem Überleben.

Tim

Sophies Freund Tim denkt immer öfter darüber nach, was sein wird, wenn sie mal Kinder haben. Wird er genug Geld verdienen für eine Familie? Ist er der Verantwortung gewachsen? Hier kommt das zweite Angstsystem zum Tragen. Schließlich hat Tim noch keine Kinder und rein rechnerisch gesehen, wird sein Einkommen in jedem Fall ausreichen. Neben den bewussten Gedanken, die er sich macht, kommen natürlich noch die erwähnten Glaubenssätze hinzu. Durch seine Kindheit und all das, was er im Freundeskreis mitbekommt, ist in seinem Unterbewusstsein eine lange Liste abgespeichert, was man Kindern heutzutage alles bieten muss. Und das kostet Geld. Aus diesen angstvollen Gedanken entsteht bei Tim ein Druck. Er hat das Gefühl jetzt schnell Karriere machen zu müssen, um sich mittelfristig Haus, Auto, Kinder, Urlaube, Ausbildung der Kinder usw. leisten zu können. Diese angstvollen Gedanken, dieser Druck führt zu Stress im Körper, obwohl im Moment gar nichts akut ist.

Was heißt denn eigentlich Stress genau?

In Bezug auf den Menschen bedeutet Stress konkret: Es gibt einen Reiz im Außen, z.B. die Schlange, das bevorstehende Gespräch mit dem Chef oder das Knacken von Holz in der Nacht. Diese Stressoren rufen Reaktionen im Körper hervor: psychische (angstvolle Gedanken) und physisch (Ausschüttung von Stresshormonen etc.). Daraus entsteht eine körperliche und geistige Belastung.

---

[4] http://www.spiegel.de/panorama/interview-mit-angstforscher-auf-ueberlebensmodus-geschaltet-a-751051.html

Es bedarf also einer Wahrnehmung, einer Weiterleitung des Reizes und einer Reaktion im Körper. Das automatisch ablaufende Stressprogramm dient dem Ziel, uns zu schützen.

Der Körper reagiert mit Kampf (Wut) bei gleichstarken Gegnern, mit Flucht (Angst) bei übermächtigen Gegnern oder mit Erstarrung (Angst). Wut und Angst sind also an sich grundlegende und wichtige Gefühle, die für unser Überleben lebensnotwendig sind.

Das hat die Natur gut eingerichtet

Es ist sinnvoll, dass unser Körper mit Angst reagiert, wenn vor uns ein zähnefletschender Hund steht, der aggressiv bellt. Haben wir selbst auch noch einen Hund dabei, dann wird unsere Angst uns mobilisieren. Je nach Situation werden wir fliehen oder erstarren. Der Körper reagiert in Bruchteilen von Sekunden. Die entsprechenden Hormone werden ausgeschüttet, der Puls steigt, die Herzfrequenz nimmt zu. Die Extremitäten (Beine und Arme) werden besser durchblutet und die Muskeln spannen an. Der Körper ist bereit zu fliehen, zu erstarren oder zu kämpfen. Wir bekommen davon gar nichts mit, denn wir reagieren nicht mit unserem bewussten Verstand, sondern unser Unterbewusstsein reagiert so schnell, dass wir schon losgerannt sind, bevor wir noch darüber nachdenken konnten. Und das ist gut so, denn wenn wir erst darüber nachdenken und die ganze Situation mit Für und Wider analysieren würden, wäre es vielleicht schon zu spät.

Bestimmt hast du solche Situationen schon selbst erlebt. Du wolltest über die Straße gehen. Du bist schon mitten auf der Straße, als du ein Auto auf dich zurasen siehst. Schneller als du denken kannst, bist du schon wieder zurückgesprungen. Diese Stressreaktion ist also Ausdruck unseres Überlebensmodus. Unser Körper schützt uns. Und das ist gut so.

Heutzutage gibt es jedoch immer öfter Stressauslöser, deren Grund unsere Gedanken sind. Die Ursache für diese Gedanken ist z. B. das unerfreuliche Gespräch mit dem Chef, die Auseinandersetzung mit dem Partner oder die Unfreundlichkeit des Verkäufers. Angst ist ein grundlegendes Gefühl. Aus der Angst entstehen weitere Gefühle, wie Zorn, Wut, Ärger, Trauer und Enttäuschung. Die Angst spielt eine Rolle, wenn wir uns nicht trauen, unsere Meinung zu sagen, für unsere Bedürfnisse einzustehen oder Grenzen zu ziehen. So fand der Psychologe Dolf Zillmann heraus, dass ein universeller Auslöser für den Zorn/die Wut ist, das Gefühl gefährdet zu sein. Zum einen die körperliche Bedrohung, zum anderen im Sinne der Selbstachtung und der Würde.

Die Unkontrollierbarkeit des Lebens im Allgemeinen und das Nichtwissen, wie die Umwelt auf mich reagiert, kann ein wesentlicher Faktor von Ängsten sein.[5]
Der Wunsch nach Veränderung wird daher von der Angst blockiert: Wie reagieren meine Mitmenschen, wenn ...

Die Tatsache, dass auch unser Gehirn die bekannten Neuronenwege liebt, lässt den Wunsch nach Veränderung oft im Sande versickern. Die Menschen brauchen daher entweder einen großen Leidensdruck oder ein großes Ziel, um große Veränderungen wirklich durchzuführen.

So kann sich der Leidensdruck durch Mobbing am Arbeitsplatz, schwere Krankheiten wie Krebs, Burn-out oder Ähnliches äußern. Erst dann zeigt sich eine Veränderung des eigenen Verhaltens als Rettungsanker aus der unhaltbaren Situation. Menschen, die große Ziele haben, wie z. B. Auswandern oder sich selbstständig machen, brauchen Selbstbewusstsein und Energie.

Brauchst du den Leidensdruck?

Nun stellt sich die Frage, willst du erst etwas verändern, wenn der Leidensdruck groß genug ist? Wenn das Kind schon in den Brunnen gefallen ist? Wie viele Menschen scheinen geradezu darauf zu warten, bis nichts mehr geht und der einzige Ausweg Krankheit oder das völlige ausgebrannt sein ist. Etwas zu verändern gelingt auch, wenn wir ein großes Ziel vor Augen haben. Ein großes Ziel zu haben und den Weg dann zu gehen, erfordert jedoch Durchhaltevermögen. Wie viele Menschen haben sich schon zig Mal vorgenommen, mehr Sport zu machen, endlich abzunehmen, den Arbeitsplatz zu wechseln, weil sie mit der Arbeit nicht mehr glücklich sind.

Doch die Versuche scheinen immer wieder zu scheitern. Unser Verstand flüstert uns immer wieder zu: Wenn du erstmal abgenommen hast, dann wirst du glücklich sein. Wenn du erst mal eine andere Arbeit hast, dann wird alles viel leichter sein und du wirst mehr Zeit haben. Das Glück, die Erfüllung scheint greifbar. Wie ein Esel rennen wir stetig der Möhre hinterher. Und doch hören wir nach kurzer Zeit auf, diesen Weg der Veränderung konsequent zu gehen. Warum ist das so?

Da ist erst mal die Angst vor den Reaktionen der Mitmenschen: Was werden sie sagen, wenn ich auf einmal nicht mehr mitesse, ständig Extrawünsche habe. Was wird mein Vorgesetzter sagen, wenn ich meinen Arbeitsplatz wechseln will?

---

[5] https://deutschesinstitutfuerangstueberwindung.de/•-wie-entsteht-angst

*Dann ist da die Angst vor dem Neuen – der eben erwähnten Unkontrollierbar-
keit des Lebens: Werde ich das überhaupt aushalten, meine neue Ernährungs-
weise langfristig umzusetzen. Will ich überhaupt auf all die leckeren Lebensmittel
verzichten? Wer weiß, wie der neue Arbeitsplatz wäre: Wie wären die Kollegen?
Könnte ich die Anforderungen eines neuen Arbeitsplatzes überhaupt bedienen?
Vielleicht ist ja alles noch schlimmer?*

Unser Gehirn liebt Routinen, es liebt Umstände, die es kennt. Wenn also der
Leidensdruck nicht groß genug ist, hält sich unser Gehirn, bildlich gesprochen,
lieber in bekannten Gewässern auf. Es wird also nichts unversucht lassen, um
dich mit guten Argumenten von der Veränderung abzuhalten. Die Angst vor
der Veränderung kommt getarnt als gutes Argument daher – auch bekannt
als Zweifel:

*Ach, wenn ich abnehmen würde, dann müsste ich mir ja so viele neue Klamot-
ten kaufen. Ich genieße einfach gerne. Ich will eigentlich gar nicht auf meine Lieb-
lingsspeisen verzichten. Diäten sind ja auch ziemlich teuer, was man da alles be-
sorgen muss. Und der Zeitaufwand!*

Hinzu kommen unbewusste tief verankerte Ängste, denn wir sind soziale We-
sen und das Bedürfnis nach Anerkennung und Teil einer Gruppe zu sein, ist
überlebensnotwendig:

*Wer weiß, ob mein Partner/ meine Freunde/meine Familie mich dann noch
liebt? Ich war doch immer die Gemütliche.*

Ebenso beim Arbeitsplatzwechsel: *Meistens sind die Kollegen ja ganz nett.
Mit meinem Vorgesetzten habe ich eh nicht so viel zu tun. Und das Gehalt stimmt
auch. Außerdem ist die Anfahrt nicht so weit/so anstrengend/so voll. Hier weiß
man schließlich, was man an mir hat. Ich bin ja inzwischen auch gut eingearbei-
tet. Was werden mein Partner/ meine Kollegen/Freunde/Familie von mir denken.
Schließlich gibt man nicht einfach so einen sicheren Arbeitsplatz auf. Vielleicht
denken sie dann, ich sei kein pflichtbewusster Mensch. Schuster bleib bei deinen
Leisten, so heißt es doch. Diese Sicherheit bekomme ich vielleicht nie wieder.*

Auch hier spielt die tief verwurzelte Angst vor der Unkontrollierbarkeit des
Lebens eine Rolle.

Nun wäre es vielleicht ein Leichtes sich all diese Zweifel, diese Ängste und
den dazugehörigen Gedanken bewusst zu werden. Daraus resultierend könnten wir dann die Zweifel aus dem Weg räumen und den Weg der Veränderung
gehen. Könnten wir, aber warum tun wir es allzu oft nicht?

Und du reagierst mit Stress

Hier kommen nun der Überlebensmodus und der Stressfaktor ins Spiel. Die Stressreaktion setzt ein, wenn es ums Überleben geht oder um den Schutz unserer Person. Das „Ich" unser Ego wird geschützt. Wenn ich Rauch rieche, werde ich egoistisch. Programme starten, die das Überleben meiner Person, des „Ich" sichern sollen. Das Ego ist also der Anteil in uns, der unser Überleben sichert. Für die Veränderung braucht es jedoch Entspannung, sodass ein Raum und eine Offenheit für Neues entstehen kann. Doch viel zu oft sind wir im Stressmodus.

Jonas

Jonas ist allein zu Hause. Seine Frau ist mit den Kindern zum Einkaufen. Eben von der Arbeit gekommen, will er schnell duschen. Kurz schaltet er den Fernseher ein, um Nachrichten zu schauen und wirft zwischendurch einen Blick aufs Handy, um die neusten Nachrichten abzurufen. In dem Moment nimmt er Rauch wahr. Er kann ihn nicht orten: Automatisch werden seine Sinne geschärft. Wie in einem Tunnel blendet er alle nicht relevanten Reize (Fernseher, Handy usw.) aus. Die Sinne des Riechens und des Hörens laufen auf Hochtouren. Sein Puls steigt, der Blutdruck steigt. Die Verdauung wird zurückgestellt. Das Blut schießt in die Extremitäten. Glukose, der Zucker im Blut, wird nun nahezu vollständig an das Gehirn transportiert. Es muss nun Hochleistungen vollbringen. Er ist nun maximal reaktionsbereit, seine Sinne laufen auf Hochtouren, seine Instinkte laufen im Hintergrund. Seine Nase signalisiert ihm, dass der Geruch vom Fernseher kommt. Er geht näher und zieht ohne weiter darüber nachzudenken den Stecker raus. In dem Moment gibt es eine kleine Explosion und Rauch steigt auf. Mehr passiert zum Glück nicht.

„Nicht auszudenken, was passiert wäre, wenn ich nicht so schnell reagiert hätte!", wird er später sagen. „Ich hatte schon den Stecker rausgezogen, bevor ich überhaupt darüber nachdenken konnte." Sein Kumpel Karl nickt anerkennend, als er die Geschichte hört. Er hätte vermutlich erst mal den Fernseher untersucht. Nicht auszudenken, was dann noch passiert wäre.

Was Karl nicht bedenkt, dass wir in Stresssituationen wie dieser automatisiert handeln. Wir reagieren instinktiv und unser analytischer Verstand wird kurzfristig auf Eis gelegt, denn er würde viel zu lange brauchen. Das, was Karl sich also jetzt im Nachhinein ausmalt, passiert auf der Ebene des Verstandes. Das Gehirn greift jedoch auf ältere Anteile, der Amygdala – dem Mandelkern zurück. Der US-amerikanische Psychologe und Neurowissenschaftler Joseph LeDoux drückte es so aus: „Sobald man sich in Gefahr befindet, reagiert man schon. Die Evolution denkt für dich."[6] In unserem Unterbewusstsein abgespeicherte Handlungsweisen werden dann instinktiv abgerufen und durchgeführt. Die Verbindung zum Präfrontalen Cortex, dort wo der Verstand verortet ist, wird abgeschnitten. Der Verstand bräuchte nämlich mehrere Sekunden, um die Situation zu analysieren und eine Entscheidung zu treffen. Diese Sekunden könnten beim Kampf um das Überleben schon zu viel sein.

Jonas Ego hat dafür gesorgt, dass er sich auf den „Kampf" mit dem Fernseher eingelassen hat. Hätte das Wohnzimmer schon lichterloh gebrannt, dann wäre Jonas vermutlich eher geflohen.

Was Stress mit Überleben zu tun hat

Das unbewusst ablaufende Stressprogramm sorgt also für unser Überleben. Es schützt unser Ego. Ein äußerst sinnvolles Programm, welches die Natur da eingerichtet hat. Doch dieses Programm läuft auch bei Situationen ab, die für uns nicht so unmittelbar überlebenswichtig sind.

Karl

Als Karl am nächsten Tag in seinem Büro ist, geht ihm Jonas Geschichte immer wieder durch den Kopf. Er ist heute besonders unkonzentriert und kommt mit seiner Arbeit nicht so recht voran. Um 17 Uhr kommt sein Vorgesetzter reingestürmt und braucht eine Information von ihm. Karl hat sie noch nicht fertiggestellt. Sein Vorgesetzter herrscht ihn im lauten Ton an: „Warum dauert das denn so lange. Ich brauche das in spätestens 10 Minuten!" Allein durch den lauten aggressiven Ton läuft das Stressprogramm bei Karl an. Unter enormem Zeit- und Angstdruck stehend, beginnt er fieberhaft zu arbeiten. Alles andere blendet er aus. Die Kollegin, die reinkommt und ihm einen Kaffee anbietet, nimmt er kaum wahr.

Wie in einem Tunnel nimmt er nur noch das wahr, was in dieser unmittelbaren Situation wichtig erscheint. Sein Puls scheint auf 180, das Herz klopft ihm bis zum Hals. Sein Körper zeigt also eine ähnliche Reaktion, wie bei Jonas.

10 Minuten später bringt er seinem Vorgesetzten die gewünschte Information. Noch immer ist er aufgewühlt und zittrig. Er fühlt sich verschwitzt. Langsam setzt die Empörung, der Ärger, die Wut ein. Zu Hause angekommen erzählt er seiner Freundin voller Wut und Empörung von dem Vorfall.

---

[6] https://www.dasgehirn.info/grundlagen/anatomie/die-amygdala

Später trifft er sich mit Jonas zum Joggen. Wieder lässt er seiner Wut und Empörung freien Lauf und erzählt den Zwischenfall. Jonas fragt ihn zum wiederholten Male, wann er sich endlich nach einem neuen Arbeitsplatz umschauen wolle. Schließlich sei das ja nicht das erste Mal. Aber er weiß schon, dass Karl nichts ändern wird. Schon viel zu oft hat er das erlebt. Karl ärgert sich über den cholerischen Chef, nimmt sich vor nach Stellenangeboten zu schauen. Und dann geschieht nichts. Jonas versteht seinen Freund nicht. Warum ändert er nichts?

Jedes Mal, wenn Karl die Geschichte mit seinem Chef erzählt, läuft wieder und wieder das Stressprogramm im Körper ab. Hormone werden ausgeschüttet und den Rest kennst du ja schon. Inzwischen ist Karls Hormonpegel auf einem Dauerhoch. Wenn er sich nicht über den Chef ärgert, ärgert er sich, weil er nicht richtig schlafen kann oder weil ihm immer wieder Missgeschicke passieren. Das Leben scheint es im Moment nicht gut mit ihm zu meinen. Im Überlebensmodus ist kein Raum für kreative Prozesse. Problemlösungen erfordern jedoch Kreativität. Es ist weiterhin kein Raum für Neues. Denn unser Gehirn will uns und unser Ego schützen. Da greift es auf die bekannten „sicheren" Wege zurück. Im Überlebensmodus werden wir egoistisch. Das „Ich" wird viel mehr Raum einnehmen. Das Gefühl: Keiner mag mich / alle sind gegen mich / dafür gibt es keine andere Lösung / andere Wege sind viel zu gefährlich oder zu unsicher. Sicherheit ist doch das Wichtigste. All diese Gedanken produziert unser Gehirn bzw. unser Ego, um unser Überleben zu schützen.

Solange Karl also im Überlebensmodus und sein Körper in der Stressreaktion funktioniert, wird es für ihn sehr schwer werden, etwas zu ändern. Es wird nur unter großem Leidensdruck oder mit noch mehr Kraft und Aufwand möglich sein. Leichtigkeit fehlt völlig. Wenn Karl im Urlaub ist, ist er entspannt und gelöst. Dann hat er viele Ideen, was er alles ändern und wo er sich bewerben könnte. Mit seiner Freundin plant er dann und sie träumen von einem entspannten Alltag, in dem sie viel Zeit für ihr gemeinsames Hobby, dem Wandern haben. Karl ist nun nicht mehr im Überlebensmodus.

Die Stresshormone durchfluten seinen Körper nur noch im erforderlichen Minimum. Er fühlt sich entspannt. Die Freude und die Leichtigkeit tauchen endlich wieder auf. Das Leben ist so schön und er bräuchte nur nach einem neuen Arbeitsplatz Ausschau zu halten. Schließlich habe er in seinem Beruf beste Chancen.

Warum gelingt es ihm also nicht, diese Leichtigkeit in den Alltag zu integrieren? Warum bleibt es immer wieder beim Alten? Viel zu schnell rutscht Karl daheim angekommen in den Überlebensmodus.

Der Stress, der Druck, die Angst, die Wut, der Ärger – all diese Emotionen lassen die alten Programme ablaufen. Wie du nun weißt: Für Veränderung, für kreative Lösungen, für Neues ist kein Raum.

Dein Körper im Krieg

Im Überlebensmodus befindet sich unser Körper, wie ein Land im Kriegszustand. Alle Ressourcen werden für die Abwehr nach außen verbraucht. Jeder Mann wird eingesetzt, um die Landesgrenzen zu wahren. Gelder werden für den Kampf eingesetzt. Es bleiben keine Reserven für Kulturelles, für Soziales oder Bildung. Hallenbäder werden geschlossen, soziale Unterstützung gekürzt. Es ist kein Geld da für solche Dinge.

Genauso ist es für unseren Körper. Im Überlebensmodus, wenn die Stressprogramme ablaufen, sind alle Sinne nach außen gerichtet. Wir reagieren nur noch auf das, was von außen kommt. Wir funktionieren. Stresshormone werden vermehrt ausgeschüttet. Das Stresshormon Cortisol verhindert auf Dauer, dass das Immunsystem ausreichend Bakterien und Viren abwehren kann. Weil der Körper im Alarmzustand ist und die Stresshormone auch nachts noch den Körper durchfluten, kommen wir nicht mehr in den Tiefschlaf. Die „alten" Programme laufen. Schließlich war es für den Menschen überlebensnotwendig nicht in den Tiefschlaf zu fallen, wenn Gefahr drohte, z. B durch wilde Tiere.

Die ganze Energie geht in das Überleben. Es bleiben keine Ressourcen für die Regeneration, für Erholung und Erneuerung. Kreative Prozesse und das Angehen von neuen Möglichkeiten bleiben auf der Strecke.

Negative Emotionen verbrauchen viel Energie. Der Körper im Stressmodus ist unter ständiger Anspannung. Schließlich gilt es evolutionär bedingt, schnell zu reagieren. Kein Wunder also, dass Burn-out sich quer durch alle gesellschaftlichen Schichten zieht. Von der Hausfrau bis zum Manager, vom Handwerker bis zur Journalistin. Vom Fußballer bis zur Psychologin. Es betrifft Männer ebenso wie Frauen. Wie wir unser Leben wahrnehmen und bewerten, spielt daher eine entscheidende Rolle für unsere Stressreaktion. Was für den einen Menschen Stress auslösend ist, ist für den anderen noch lange nicht so.

Raus aus der Stressfalle

Die Kernfrage ist also, wie kommen wir raus aus der Stressfalle? Rufen wir uns in Erinnerung:

Nur selten sind wir von akuten Gefahren bedroht, die das Ablaufen eines Stressprogrammes im Körper absolut notwendig machen. Solche akuten Gefahren, wie ein zähnefletschender Hund, ein Auto, welches uns im riskanten Überholmanöver entgegenkommt oder ein Einbrecher in unserem Haus, begegnen uns zum Glück nur selten.

Viel öfter dagegen läuft unser Stressprogramm aufgrund unserer Wahrnehmung unserer Umwelt auf Hochtouren:

Wir nehmen unsere Umwelt so wahr, dass

… wir uns unter Zeitdruck gesetzt fühlen

… wir uns unter Leistungsdruck setzen

… wir meinen perfekt sein zu müssen

… wir meinen von allen als nett befunden zu werden

… wir meinen, dass die Familie/Arbeit u. ä. an erster Stelle stehen

… wir meinen, dass unsere Bedürfnisse keinen Raum haben dürfen

… wir meinen, dass wir nicht sagen dürfen, was wir denken

… wir nicht anecken wollen

… wir nicht anders sein wollen

… wir von allen geliebt und gemocht werden wollen

… wir die Erwartungen anderer erfüllen sollten

… wir uns nach vermeintlichen gesellschaftlichen Regeln verhalten sollten.

Wenn wir jede Einladung annehmen, obwohl wir uns nach Ruhe sehnen, wird es irgendwann zum inneren Konflikt kommen. Wir möchten niemanden enttäuschen und fühlen uns verpflichtet. Das macht man nicht, dass man einfach zuhause bleibt. Auf Dauer wird das jedoch dazu führen, dass wir immer unzufriedener werden. Es gibt keine Zeit für Erholung und unser Ego fordert auf Dauer seinen Tribut:

„Ich reibe mich auf, passe mich immer an, funktioniere. Und wo bleibe ich? Wer nimmt denn Rücksicht auf mich? Nie fragt jemand, wie es mir geht. Ich gehe überall hin und andere sagen einfach ab!"

Diese Gedanken tauchen früher oder später auf und sorgen für noch mehr Stress.

Jeder negative Gedanke → führt zu einer negativen Emotion → führt zur Ausschüttung von Stresshormonen → führt dazu, dass der Körper sich schützt → führt zur Abwehr → führt zu noch mehr Energieverbrauch für die Abwehr → führt dazu, dass unser Ego sich ungeliebt, ungerecht behandelt und einsam fühlt → führt zum Gefühl der Überforderung, Müdigkeit oder gar des ausgebrannt seins.

Sorgst du für dich?

Wenn ich mich nie frage, wie es mir geht.

Wenn ich mich nie frage, welche Bedürfnisse ich habe.

Wenn ich mich selbst nicht wertschätze,

wie kann ich dann erwarten, dass andere es tun?

Eine Mutter, die sich für die Familie aufgibt, immer ihre Bedürfnisse hintenanstellt, wird auf Dauer ihren Kindern beibringen, dass das auch richtig so ist.

Kinder gehen davon aus, dass wir Erwachsenen sie beschützen, dass wir wissen, was richtig ist, dass wir sie schon richtig in diese Gesellschaft einführen werden. Das müssen sie auch, denn die Natur hat es so vorgesehen, dass unsere Kinder uns viele Jahre brauchen. Sie sind abhängig von uns. Daher bekommen Eltern von ihren Kindern ab dem Tag der Geburt einen großen Vertrauensvorschuss: Den tiefen Glauben und das Vertrauen in, so wie meine Eltern das machen, ist es richtig. Erst in der Jugend, wenn der analytische Verstand mehr und mehr einsetzt, beginnen Kinder zu reflektieren und zu hinterfragen. Bis dahin sind jedoch gewisse Muster, Prägungen und Glaubenssätze tief im Unbewussten verankert.

Wenn also eine Mutter oder ein Vater stets ihre Bedürfnisse hintenanstellen, werden sie kaum auf Verständnis hoffen können, wenn sie später einmal vorwurfsvoll sagen: „Ich habe immer alles für dich gemacht!" Ganz im Gegenteil: Wird die Tochter selbst zur Mutter oder der Sohn Vater, dann werden sie von diesem Glaubenssatz so geprägt sein, dass sie Gefahr laufen, sich selbst auch hintenanzustellen und damit in die gleiche Stressfalle oder Funktionsfalle zu laufen. Eine Chance es anders zu machen besteht nur dann, wenn sich das Kind darüber bewusst wird: „Ja, meine Mutter hat sich immer an letzter Stelle gestellt, aber so will ich das nicht. Ich will es anders machen."

Und selbst dann wird dieser Befreiungsprozess schwer sein, da die alten Glaubensmuster emotional verknüpft und wie ein moralisches Gesetz im Unbewussten verankert sind. Erfahrungen und Emotionen sind eng miteinander verstrickt und lassen sich, wenn wir uns ständig im Überlebensmodus bzw. Stressmodus befinden, nur schwer auflösen.

Urlaub für die Seele

In der Meditation kommen wir vom Überlebensmodus in den Regenerationsmodus. Nachweislich nehmen Stresshormone ab und das Immunsystem fährt hoch. Durch den Fokus auf etwas Positives oder Neutrales entstehen keine negativen Emotionen. Der Körper bekommt das Signal: Es ist alles in Ordnung, es droht keine Gefahr. Es ist Raum und Zeit für positive Gefühle, wie Freude, Liebe, Dankbarkeit. Unsere Sinne werden nahezu ausgeschaltet: Wir haben die Augen geschlossen, nehmen über unsere Ohren, Nase, Haut nur wenig Reize wahr – und wenn doch, haben wir nicht gleich das Gefühl reagieren zu müssen. Vom Tunnelblick kommen wir in einen weiten Fokus. Unser innerer Raum öffnet sich für neue Möglichkeiten und kreative Prozesse. Einsichten, Ideen, Lösungen scheinen wie aus dem Nichts aufzutauchen. Durch die immer tiefere Entspannung verlangsamt sich auch die Gehirnfrequenz in eine Frequenz, die den Zugang zum Unbewussten ermöglicht. Hier können Glaubensmuster aufgelöst werden.

Wird der Gedanke: „Ich darf mich um mich selbst kümmern!" von einer positiven Emotion, (z. B. Freude) begleitet, lernt unser Körper: Es ist in Ordnung, sich um sich selbst zu kümmern. Gedanke und Emotion laufen synchron ab. In diesem Zustand sprechen wir von Kohärenz. Wir sind im Einklang mit unserem Denken und Fühlen. Wir fühlen uns selbstbestimmt und selbstwirksam. Durch die Meditation haben wir uns in einen Zustand gebracht, der dies ermöglicht. Nun gilt es, dieses Learning auf den Alltag zu übertragen. Die Einsicht: „Ich darf mich um mich selbst kümmern!", ist nach einer gewissen Zeit des Übens in der Meditation nicht mehr vom schlechten Gewissen begleitet, sondern von einem inneren Wohlgefühl. „Die Erlaubnis" sich um sich selbst zu kümmern, ist mit einer positiven Emotion verbunden und kann nun auch ins Unterbewusstsein gelangen. Sodass es für uns irgendwann zu einem ganz natürlichen Zustand wird.

Im Urlaub

Diesen Regenerationsmodus kennst du vielleicht am besten aus dem Urlaub. *Du sitzt am Strand, in den Bergen oder wo auch immer – du fühlst dich innerlich ganz ruhig – da ist eine Freude, eine Zufriedenheit in dir – Probleme, Sorgen, Ängste, dein Alltag, alles ist ganz weit weg – der Tag liegt vor dir – es gibt keine Termine, kein „Ich muss" – du möchtest diesen Zustand mit nach Hause nehmen – ihn bewahren – du hast das Gefühl von Weite – alles ist möglich – du hast Ideen, was du machen möchtest, wenn du wieder zuhause bist – du fühlst dich voller Energie, guter Ideen, hast kreative Einfälle – du hast große Lust, dein Leben zu verändern, in die Hand zu nehmen – du wirst es tun – am liebsten würdest du die Zeit anhalten – den Moment konservieren – alles ist gerade so schön – du bist eins mit dir – keine störenden Gedanken oder Emotionen – gerade jetzt fühlt es sich genau richtig an.*

Durch die Meditation kommst du auch in diesen „Urlaubszustand". Mit ein bisschen Übung wirst du dich genauso fühlen: Entspannt, geerdet, voller Tatendrang und ganz bei dir. Es ist ein wunderbarer Zustand. Ich kann dir sagen, dass ich mich auf meine Meditation freue, denn sie ist für mich wie Urlaub. Ich regeneriere, bin ganz bei mir, bin tief entspannt und ein kleines Lächeln breitet sich aus.

Viele Menschen nehmen sich immer wieder vor, dieses Urlaubsgefühl mit in den Alltag zu nehmen. Doch leider gelingt das nur wenigen. In den meisten Fällen verfallen sie direkt wieder in ihren alten Trott: Die Wäscheberge, die Post, die E-Mails, die bearbeitet werden müssen und auch im Job muss alles liegen gebliebene zügig aufgearbeitet werden.

Die Kollegen, die sich nicht geändert haben und die Arbeit, die kein Ende nimmt. Schneller als sie denken können, sind sie wieder im Stress und damit im Überlebensmodus. Da Körper und Geist gut erholt sind, fällt die Belastung nicht gleich auf. Voller Tatendrang und mit dem Gefühl, dass man das doch alles ganz gut schaffen kann, rutschen sie unweigerlich wieder ins alte Programm. Resigniert stellen sie fest, dass sie schon wieder Urlaub brauchen, obwohl der letzte Urlaub noch grüßen lässt.

Die Magie

Daher ist es ein Trugschluss zu glauben, man müsse nur jeden Tag meditieren und alles würde sich ändern. Sicherlich wirst du etwas aus der Meditation mit in deinen Tag nehmen können. Und ganz bestimmt wirst du etwas entspannter, gelassener und mit weniger Ängsten durch den Tag gehen. Natürlich wirst du durch die Meditation besser regenerieren können und dein Immunsystem wird gestärkt daraus hervor gehen. Die wirklichen, magischen Veränderungen jedoch, geschehen erst, wenn du das, was du durch die Meditation an Einsichten gewonnen hast, auch umsetzen kannst. Wenn du die gefühlten Emotionen vermehrt in deinem Alltag spürst und deine Gedanken positiv und leicht daherkommen. Nicht immer, aber immer öfter.

Die Magie wirkt

Woran du merkst, dass sich etwas verändert:
- Du wirst dich immer öfter im Flow fühlen. Flow bezeichnet in dem Zusammenhang das Gefühl, dass alles von selbst zu gehen scheint. Du fühlst dich bei deinem Tun Eins mit deiner Umwelt. Die Anforderungen sind nicht zu anspruchsvoll und nicht zu leicht. Deine Gedanken sind ganz bei deinem Tun. Es ist der Zustand der Kohärenz. Gedanken, Emotionen, deine körperliche Aktivität stimmen überein.
- Du wirst wieder öfter lächeln und dich freuen.
- Du hast keine Lust mehr auf Problembücher, problematische Gespräche oder auf Menschen, die immer nur jammern.
- Du hast vermehrt das Bedürfnis, dich mit den schönen Dingen des Lebens zu umgeben.
- Du fühlst eine große Dankbarkeit für das, was dein Leben dir schenkt.
- Du bist viel optimistischer und denkst positiver.
- Probleme werden weniger. Du betrachtest sie nun eher als Herausforderungen, die es zu bewältigen gilt.
- Du hast Lust, Neues auszuprobieren und betrachtest dein Leben als Meer voller spannender Möglichkeiten.
- Du hast vermehrt Mitgefühl mit deinen Mitmenschen und verurteilst sie weniger für das, was sie sind und tun.
- Deine Beziehung zu Menschen aus deinem engeren Umfeld wird intensiver und herzlicher. Du fühlst dich toleranter und offener.

Jetzt meditierst du vielleicht schon eine Weile und denkst: Bei mir ist das aber nicht so. Ja, die Meditation tut mir gut, aber wirklich was verändert hat sich noch nicht.

Beobachte dich

Dann betrachte mal deinen Alltag. Beobachte dich einen Tag lang ganz intensiv.
- Wie oft hast du negative Gedanken?
- Wie oft ärgerst, sorgst du dich?
- Wie oft bist du gereizt, fühlst dich gestresst?
- Wie oft nimmst du Angst, Wut, Trauer in deinem Körper wahr?
- Worüber sprichst du mit deinen Mitmenschen? Sind es „Aufregerthemen"? Bist du oft empört, regst dich über die Zustände in der Politik, bei der Arbeit, über die Schule deiner Kinder auf?

Wenn diese negativen Gedanken und Emotionen deinen Alltag bestimmen, dann solltest du das schleunigst ändern. „Das sagt sich so leicht!", wirst du jetzt denken.

Und ich sage dir, ja es sagt sich leichter, als es sich umsetzen lässt. Wenn es dir schwerfällt, das zu verwirklichen, dann ist das nächste Kapitel für dich geschrieben.

Der Cocktail unserer Gedanken

Wir bestehen alle aus Atomen. Atome verbinden sich zu Molekülen und diese verbinden sich zu Zellen. Atom + Atom + Atom - das ist unser Körper. Und weißt du, woraus Atome bestehen? Sie bestehen zu 99,99999999 % aus Energie! Aus 0,000000001 % aus Masse bzw. Materie.

Das heißt, wir bestehen zum großen Teil aus purer Energie! Erstaunlich, oder? Nun wirst du deine Oberschenkel anschauen und denken: „Da scheint aber ganz viel Materie zu sein!" Das hat was mit den Molekülverbindungen zu tun.

Dennoch, wir bestehen zum überwiegenden Teil aus Energie. Ebenso müssen wir, um existieren zu können, Energie aufwenden. Damit wir uns bewegen, lesen, denken, sprechen oder auch essen können. Energie ist also die Fähigkeit, Arbeit zu verrichten *oder eine Änderung der Materie zu verursachen.* Darauf kommen wir noch später!

Energie äußert sich für uns Menschen durch

- Chemische Energie: Energie aus Nahrungsmitteln wird für den Körper nutzbar gemacht und äußert sich in den folgenden Energieformen:
- Bewegungsenergie: Du fährst Fahrrad
- Elektrische Energie: Unser Gehirn „denkt" in elektrischen Impulsen, die dann wiederum in chemische Energie umgewandelt werden (z. B. in Neurotransmitter)
- Elektromagnetische Energie: Reaktion der Pupille auf Licht. Licht ist eine Form der elektromagnetischen Strahlung.
- Wärme Energie: Wahrung der Körpertemperatur[7]

Jeder Gedanke, den wir denken, ist ein elektronischer Impuls. Das Gehirn sendet diesen elektrischen Impuls an die verschiedenen Körperteile. So werden z. B. Drüsen erreicht und Hormone werden ausgeschüttet. Was passiert, wenn Stresshormone ausgeschüttet werden, weißt du ja bereits.

Hier wird nun mehr als deutlich, dass Körper und Geist nicht zu trennen sind. Mit Geist meine ich hier unser Gehirn in Aktion, also das Denkende in uns.

Die Macht deiner Gedanken

Stelle dir vor, du fährst zur Arbeit, die Sonne scheint, es sind wenig Autos unterwegs, du bist gut in der Zeit. Deine Gedanken plätschern so vor sich hin.

---

[7] https://deutschland.fage/ernaehrung/energie-und-stoffwechsel

Plötzlich fällt dir ein, dass du wichtige Unterlagen zuhause vergessen hast. Allein der Gedanke daran setzt eine ganze Kaskade von Reaktionen in Gang. Dein Bauch und dein Herz ziehen sich zusammen. Das Herz klopft laut. Der Blutdruck steigt. Das Blut rauscht in dein Gesicht. Dir wird heiß. Dein Körper bewegt sich ruckartig. Du trittst auf die Bremse. Dein Blick geht zur Uhr. Wirst du es schaffen, die fehlenden Unterlagen zu holen? Wirst du noch pünktlich zum Meeting kommen? Dein Nacken spannt an, die Zeit sitzt dir förmlich im Nacken. Du schwitzt. Dein Gehirn reagiert mit neuen passenden Gedanken.

„Oh Gott, wenn ich zu spät komme, schauen mich alle an! Der Meier wird wieder so süffisant lächeln. Alle werden denken: schon wieder zu spät! Sie werden mich für nachlässig, nicht pflichtbewusst halten. Sie werden denken, ich mache meine Arbeit nicht vernünftig. Ich bin unzuverlässig!"

Du wirst unkonzentriert, an der Ampel merkst du zu spät, dass das Auto vor dir gebremst hat, obwohl sie noch gelb war. Du bremst scharf. Ich überlasse es dir, den Fortgang der Geschichte auszumalen.

Unsere Gedanken gestalten unsere Realität. Dieser Satz leuchtet ein, denn die Geschichte hätte nämlich auch ganz anders sein können: Wieder fährst du im Auto. Die Sonne scheint, deine Gedanken plätschern vor sich hin. Plötzlich fällt dir ein, dass du wichtige Unterlagen zuhause vergessen hast. Nun gibt es mehrere Möglichkeiten:

· Du rufst deinen Partner an. Er wird sie dir bringen.
· Du rufst bei der Arbeit an und kündigst an, dass du etwas später kommen wirst.
· Du fährst zur Arbeit und gestehst deinem Vorgesetzten das Malheur und bittest um Entschuldigung. Es stellt sich heraus, dass das Meeting verschoben werden muss, weil dein Vorgesetzter zu einer wichtigen Verhandlung muss.

Du siehst, auch hier haben deine Gedanken deine Realität entscheidend beeinflusst. Die zweite Variante ist wesentlich entspannter für dich und deinen Körper.

Wenn wir unsere Realität als Materie betrachten, dann verändern unsere Gedanken tatsächlich Materie. Spätestens dann wird es klar, wenn wir uns an die erste Version erinnern: Bist du sehr gestresst und unter Druck, verursachst deshalb einen Unfall, dann hast du tatsächlich Materie verändert. Dein Auto hat einige Dellen mehr und du vielleicht einige blaue Flecken.

Zum Glück können unsere Gedanken jedoch auch Materie im positiven Sinne beeinflussen. Dazu kommen wir später. Du weißt nun, dass jeder Gedanke einen elektronischen Impuls aussendet. Ähnliche Gedanken werden zu einem elektronischen Cocktail. Du kannst dir vorstellen, wenn immer die gleichen

Neuronen feuern, dann wird das für dein Gehirn ebenso zur Routine, wie dein Kaffee am Morgen. Wie aus einem Wiesenpfad bei häufiger Benutzung ein fester Trampelpfad wird, werden aus immer gleich feuernden Neuronen Gedanken, die gerne immer wieder auftauchen und das mit immer stärkerer Macht. Dein Körper liebt diese Cocktails....

Peter

Peter denkt jeden Morgen, wenn er aufwacht: „Ich will noch liegen bleiben, ich habe keine Lust auf meine Arbeit. Ich bin noch so müde. Ach könnte ich doch ausschlafen!" Gleichzeitig weicht das wohlige Aufwachgefühl einem Druck im Brustraum. Ein Gefühl von Enge entsteht. Dieses signalisiert dem Gehirn: Bitte noch mehr von den Gedanken, die zu diesem Körpergefühl passen. Und flugs „denkt" Peters Gehirn: „Heute steht bei der Arbeit so viel an. Ich muss gleich noch schnell die Unterlagen für Simone vorbereiten, die braucht sie doch für die Besprechung mit dem Kunden. Hoffentlich finde ich schnell die Infos, die ich dafür brauche. Wo hatte ich sie noch mal abgespeichert?" In dem Moment klingelt Peters Wecker erneut. „Mist, nun muss er wirklich aufstehen!" Er wälzt sich noch ein paar Mal im Bett hin und her. Als er endlich aufsteht, wird die Zeit schon knapp. Der Druck, den er im Körper spürt, wird größer. Als er zur Tür hinauseilt, fängt er an zu schwitzen und sein Nacken spannt an.

Sein Körper jedoch liebt diesen Cocktail. Ja, er ist geradezu süchtig nach diesen Gedanken und Emotionen. Jeden Morgen der gleiche Spaß. Peters Körper ist schon so an dieses Stressprogramm gewöhnt, dass er ohne es gar nicht mehr kann.

Peter nimmt sich jeden Abend vor, etwas zu ändern. Doch es will ihm einfach nicht gelingen. Ohne, dass er sich dessen bewusst ist, ist er süchtig. Süchtig nach den ewig gleichen Gedanken am Morgen, süchtig nach dem Druck im Brustraum. Süchtig nach dem Gefühl, unter Zeitdruck zu sein. Süchtig nach der Anspannung. Vielleicht merkt er noch nicht einmal, dass er einem Programm unterworfen ist, welches ohne sein Zutun Tag für Tag abläuft. Jeden Tag das gleiche Dilemma.

Was könnte Peter tun? Zunächst einmal muss er sich der Tatsache bewusst werden, dass dieses Programm ohne sein Zutun abläuft: Die Gedanken, die schon automatisch nach dem Aufwachen ablaufen und die körperlichen Reaktionen. Daraus resultieren ebenso die Emotionen. Emotionen wie Angst, Unwillen und Gereiztheit.

Warum liebt unser Körper diese Cocktails? Weil unser Körper-Geist-System das Bekannte liebt. Es liebt Routinen und immer gleiche Muster. Sie geben Sicherheit. Außerdem sind die Neuronenpfade, wie wir gelernt haben, stark

und kräftig. Jeden Morgen, wenn der Körper den Impuls gibt: „Ich bin wach"
beginnen die immer gleichen Neuronen zu feuern.

Irgendwann ist sich Peter dessen bewusst geworden und er beschließt, etwas zu ändern. Er nimmt sich vor früher aufzustehen, nicht als Erstes an die
Arbeit zu denken und ganz in Ruhe eine Tasse Kaffee zu trinken. Ein paar Tage
gelingt es ihm, doch dann „beschließt" sein Körper-Geist-System, dass ihm der
elektrische Cocktail fehlt und er fordert ihn mit aller Macht ein. Der Körper ist
schließlich seit Langem gewohnt, dass sich der Brustraum verengt und sich
die Angst einschleicht, den Anforderungen nicht gewachsen zu sein. Die dazu
passenden Gedanken warten nur darauf, endlich wieder loslegen zu können.
Und überhaupt, so toll schmeckt der Kaffee auch nicht, da ist der altbewährte
elektrische Cocktail doch viel besser.

Peter sieht das natürlich anders. Er beschließt dran zu bleiben, und die alten
Neuronenpfade nicht mehr zu nutzen. Irgendwann werden sie verkümmern.
Daher arbeitet Peter an neuen Neuronenpfaden. Durch die Meditation hat er
gelernt, wie das geht.

Gewohnheiten verändern

In der Meditation können wir neue Muster entstehen lassen und damit alte Muster ablösen. Anders ausgedrückt, wir können neue Gewohnheiten etablieren. Stell dir noch einmal Peter vor. Eines seiner Muster war, dass er jeden Morgen, nachdem er aufwachte, die Welt verwünschte. Nur zu gerne hätte er sich die Bettdecke über den Kopf gezogen und sich unsichtbar gemacht. Er schob den neuen Tag so lange wie möglich vor sich her. Wir sprechen hier über ein Zeitfenster von etwa 10-20 Minuten. Dennoch hatte dieser Start in den Tag eine enorme energetische Wirkung auf seine Einstellung dem neuen Tag gegenüber. Vermutlich waren mindestens die ersten ein bis zwei Stunden davon geprägt.

Ich kenne das aus eigener Erfahrung, mir ging es genauso wie Peter. Nie kam ich aus dem Bett, habe den Wecker noch mal und noch mal gedrückt. Ich bin niemand der viel Flucht, aber wie oft ging mir ein „Sch..." durch den Sinn, weil ich mich nicht auf diesen Tag einlassen wollte. War ich erst mal drin in meiner Routine bzw. in meinem Arbeitstag war alles gut. Irgendwann wurde mir klar, ich will das nicht mehr und ich begann zu überlegen, wann dieses Muster wohl begonnen hatte.

Ich kam darauf, dass es vermutlich schon während meiner Schulzeit begonnen hatte. In einer Phase, in der ich mich mehr als unwohl fühlte: Ich fühlte mich nicht gemocht und meine Leistungen waren schwach. In dieser Zeit quälte ich mich täglich in die Schule und atmete erst wieder auf, wenn ich am Nachmittag daheim war. Es war eine einsame Zeit. Wie gerne wäre ich in dieser Zeit unter meiner Bettdecke unsichtbar geworden.

Im Studium und danach wurde es zwar besser, aber immer noch fiel es mir schwer, morgens aufzustehen. Das Gefühl „Ich muss diesen Tag bewältigen" blieb. Als meine Kinder noch klein waren, sind sie lange Zeit oft nachts wach geworden. Da ich insgesamt drei Kinder habe, zog sich diese Zeit über fast zehn Jahre hin. Der Moment das Bett verlassen zu müssen und sich den Anforderungen zu stellen, beschränkte sich nicht nur auf den Morgen. Auch mehrmals in der Nacht musste ich raus. Jeder, der mehrfach unterbrochene Nächte kennt, weiß wie sehr das an den Nerven zehrt. Das „Sch...."-Wort kam mir in dieser Zeit häufiger in den Sinn. Hinzu kam, dass auch dieses Thema mit vielen Glaubenssätzen und Überzeugungen belastet war:

Wenn deine Kinder nicht durchschlafen, machst du irgendwas falsch. Du musst nur... Kinder sind unser ein und alles. Wir tun alles für sie mit Liebe. Man muss seine Kinder frühzeitig erziehen ...
All das wurde mir also bewusst an diesem Tag, als ich entschied:
Ich will das nicht mehr.

Schließlich dürfen wir dankbar sein für jeden neuen Tag, der uns geschenkt wird. Für jeden Tag, an dem wir gesund aufstehen. Das war mir durchaus bewusst, aber am frühen Morgen war mir das völlig egal und alle guten Vorsätze wie weggeblasen. Ich wollte nichts von der Welt wissen. Körper und Geist forderten ihren Cocktail und das Programm lief auf Hochtouren, um das Muster bedienen zu können:

Der Wecker klingelte und ein inneres Aufstöhnen war meine Reaktion. Der Bauch zog sich zusammen. Dazu passend kamen die Gedanken, was alles an unangenehmen Dingen vor mir lag. Auch wenn sie noch so banal waren, meine Gedanken machten etwas Großes daraus. Mein Herz wurde schwer. Ich drückte auf die Snooze-Taste. Nun „frohlockte" mein Geist und schickte mir alle möglichen Gedanken, warum es ein schrecklicher Tag werden würde – warum es schrecklich war, jetzt aufzustehen. Ich konnte gar nicht so schnell schauen, wie meine Hand zum Wecker griff, als er erneute aufjaulte. Ich stand immer in letzter Minute auf. Natürlich war ich anschließend unter Zeitdruck und gab diesen Druck an die Kinder weiter. Die funktionierten natürlich nicht so, wie sie sollten. Ich musste zur Arbeit und sie zur Schule oder in den Kindergarten. Bis wir alle an Ort und Stelle waren, war schon viel negative Energie in Form von Unmut und Meckern durch die Luft gewabert. Eine sich selbst erfüllende Prophezeiung.

Wie oft hatte ich mir vorgenommen, dieses Muster zu durchbrechen. Doch ich war machtlos. Es gelang mir so gut wie nie. Erst an diesem Tag als mir klar wurde: „Mir reicht es, ich will das so nicht mehr!", begann ich mich dem Muster auf andere Weise zu nähern. Ich überlegte, wie es in mein Leben gekommen war und mir wurde bewusst, wie machtvoll es war.

Anstatt mir vorzunehmen früher aufzustehen, traf ich die Entscheidung, den süchtig machenden Gedanken keine Chance mehr zu geben. Ich überlegte mir genau, was ich nach dem Aufwachen für Gedanken pflegen wollte – wie ein Gebet:

Ich entschloss mich dazu, mich noch mal genüsslich in die Kissen zu kuscheln und mir einmal „Snooze-Taste" zu erlauben. Während dieser 10 Minuten wollte ich die Dankbarkeit spüren, dass ein neuer Tag vor mir lag. Ich nahm mir vor, lieber darüber nachzudenken, welche schönen Dinge an diesem Tag auf mich warteten. Das setzte natürlich voraus, dass ich bewusst jeden Tag einige schöne Momente für mich zelebrierte:

- Die Tasse Kaffee ganz in Ruhe.
- Das wöchentliche Treffen mit meiner Freundin, wenn meine Tochter beim Ballett war.
- Die schöne Yogastunde, die ich am Abend halten wollte.
- Die Meditation, die ich für meinen Kurs vorbereitet hatte.

- Das leckere Mittagessen und vielerlei mehr.
- Und natürlich meine tägliche Meditation.

So hatte ich für jeden Morgen einen Fundus an „Freudigen Gedanken". Das hört sich vielleicht recht künstlich an, war es vielleicht auch, aber es brauchte doch viel Kalkül meinerseits, um dieses jahrzehntelange fest eingebrannte Muster zu verändern.

Im nächsten Schritt nahm ich das Thema in meine Meditation auf. Ich ließ das Gefühl der Freude groß und weit werden. Ich *fühlte* die Freude, die ich am Morgen fühlen wollte. Ich *fühlte* die Offenheit für den neuen Tag. So erreichte ich, dass ich die Situation (morgens aufstehen) von dem schlechten Gefühl entkoppelte. Ich brachte meinem Körper und meinem Geist etwas Neues bei: morgens aufstehen + neue Gedanken + Gefühl der Freude und Weite = neue Emotion.

Ich kann dir sagen, dass dieses Muster sehr, sehr stark war. Noch heute nehme ich mich und meine Gedanken am Morgen sehr bewusst wahr und verändere sie. Das Wunderbare ist, das es wirklich funktioniert. Dadurch hat sich für mich vieles geändert. Anstatt mit der schlechten Laune eines Morgenmuffels in den Tag zu starten, starte ich nun oft (nein, nicht immer) mit einem kleinen Lächeln in den Tag. Das ist für mich ein Riesengewinn.

Gibt es etwas bei dir, was du auch verändern möchtest? Etwas, das du so einfach nicht mehr willst? Dann mach dir die folgenden Schritte bewusst, sie sind für den Veränderungsprozess maßgeblich. Sie sind wie eine Blaupause für Veränderungsprozesse.

Deine Blaupause für Veränderungsprozesse ✍

Am besten nimmst du dir wieder Zettel und Stift:
(In Klammern füge ich Beispiele hinzu, wie es bei mir war. So wird es plastischer für dich.)

1. Werde dir bewusst, was du verändern willst.
   (Ich wollte nicht mehr mit schlechter Laune und trüben Gedanken in den Tag starten.)

2. Entscheide dich bewusst und kraftvoll: „So, will ich das nicht mehr!"
   (Für mich war klar: So will ich das nicht mehr!)

3. Überlege einmal, wie ist es wohl zu diesem Muster gekommen? Er wird dir deutlich machen, wie kraftvoll und vereinnahmend dieses Muster für dich ist.
   (Bei mir ist dieses Muster in der Schulzeit entstanden, gefestigt wurde es dann noch mal über viele Jahre, als ich immer wieder nachts aufstehen musste.)

4. Nun weißt du, was du nicht mehr willst und wie es zu diesem Muster gekommen ist. Überlege nun: Was willst du dann? Versuche hier, die Antwort so konkret, wie möglich zu formulieren. Welche deiner unliebsamen Gewohnheiten, welche Gedankenmuster, welche Ängste, welchen Ärger willst du nicht mehr? Wovon willst du stattdessen mehr in deinem Leben haben?
(Ich wollte mit guter Laune oder zumindest mit neutraler Offenheit in den Tag starten. Anstatt den Tag zu verteufeln, wollte ich die Dankbarkeit spüren, dass mir überhaupt ein Tag geschenkt wird und ihm mit offener/froher Erwartung begegnen.)

5. Wenn du weißt, was du stattdessen möchtest und es aufgeschrieben hast, geht es nun um den nächsten Punkt. Welches Gefühl soll dabei im Vordergrund stehen? Welche Gedanken passen dazu? Schreib dir deine Gedanken auf!
(Gefühle bei mir: Dankbarkeit, Offenheit und wenigstens eine kleine Vorfreude.)

6. Lasse dieses Gefühl zum Teil deiner Meditation werden. Erinnere dich zuerst an das Gefühl. Sollte es dir schwerfallen, nimm eine Situation hinzu, in der du das gewünschte Gefühl schon mal gespürt hast (es wird zu deinem Referenzereignis). Wenn du mitten im Gefühl bist, dann stellst du dir dazu die Situation vor, die sich ändern soll. Mit der Zeit und ein bisschen Übung, wird das Gehirn diese zwei Schablonen übereinanderlegen und sie werden zu einer werden. Geschafft!
(Mein Referenzereignis war eine Einladung, auf die ich mich gefreut hatte und dankbar war, dass ich die Möglichkeit dazu hatte.)

Wie ist das Ganze nun für mich ausgegangen? Inzwischen implementiere ich die Dankbarkeit dadurch, dass ich den Wecker noch einmal auf „Snooze" stelle. In diesen 10 Minuten freue ich mich ausgiebig über das warme Bett. Entweder drifte ich noch mal weg oder ich überlege mir, worauf ich mich auf diesen Tag freue. Manchmal denke ich auch darüber nach, was am vorherigen Tag Schönes passiert ist und wofür ich dankbar bin. Ich stehe nun mit einem viel besseren Gefühl auf und immer öfter mit einem kleinen inneren Lächeln. So werden diese ersten Minuten des Tages zu einer kleinen Meditation, die ich liegend im kuscheligen Bett verbringe.

Vielleicht gehörst du zu den Menschen, die immer mit Leichtigkeit aus dem Bett kommen. Dann wunderst du dich sicher, warum ich diesem Thema so viel Raum widme. Am Ende geht es jedoch gar nicht um die einzelnen Situationen. Was ich damit deutlich machen wollte, ist: Je unterschiedlicher wir Menschen sind, so vielfältiger sind auch die Situationen, die für uns mit negativen Mustern durchdrungen sind.

Welches Gefühl steckt dahinter

Am Ende steht immer die Frage: Welches Gefühl steckt dahinter? Dein Gefühl gibt dir Auskunft darüber, ob du eine Situation ändern solltest oder nicht. Was für den einen belanglos und total easy ist, ist für den anderen mit großer Schwere, mit Ängsten oder Ähnlichem belastet. Jeder hat Verständnis dafür, wenn Menschen unter schweren Krankheiten, Trennungen, Verlusten oder Todesfällen leiden. Wie du jedoch erfahren hast, kann auch in einer scheinbar banalen Situation viel an negativer Ladung stecken. Und zwar deshalb, weil es sich um Muster handelt, die schon über Jahre oder gar Jahrzehnte in uns stecken. Ereignisse, die vielleicht schon in früher Kindheit zu Überzeugungen oder Glaubenssätzen geführt haben und die uns noch heute prägen. Der erste Schritt ist immer, sich dessen bewusst zu werden. Daher gebe ich dir hier einige Anhaltspunkte, wo diese Muster versteckt sein könnten:

- Du fühlst dich oft ungerecht behandelt und ärgerst dich darüber? Manchmal denkst du selbst, dass dein Ärger etwas übertrieben sein könnte. Vielleicht hast du dich früher schon von deinen Eltern/Lehrern ungerecht behandelt gefühlt? Möglicherweise gibt es hier ein Schlüsselereignis.
- Wenn in deinem Leben etwas nicht gut läuft, suchst du nach Schuldigen. Du gibst damit die Verantwortung an andere Menschen und an andere Umstände ab. Vielleicht ist das ein Muster, das du von deinen Eltern so gelernt hast. Fang an Verantwortung für jede deiner Handlungen und Befindlichkeiten zu übernehmen. Stelle dir immer wieder die Frage: Was kann ich tun, um das zu verhindern, dass es mir besser geht, dass es erst gar nicht so weit kommt. Löse dich davon, andere dafür verantwortlich zu machen.
- Wenn du oft denkst:
  - Wenn ich erst Kinder habe / sie groß sind / aus dem Haus sind, dann…
  - Wenn erst der richtige Partner kommt / die passende Freundin, dann…
  - Wenn ich erst genug Geld verdiene, dann…
  - Wenn ich erst den richtigen Job finde, dann …
  - Wenn mein Partner erst mal so und so ist, dann …
- Diese „Wenn … dann…" sind ein sicheres Zeichen dafür, dass du die Verantwortung abgibst. Unbewusst erwartest du, dass die Umstände oder die Menschen sich so verändern, damit es dir gut geht. Auch hier frage dich immer wieder: Was kann ich tun, um die Situation zu verändern?
- Du erwischst dich selbst dabei, dass du dich immer wieder über bestimmte Menschen oder Situationen ärgerst. Frage dich: Warum ärgert mich das so? Was steckt dahinter? Will ich das weiterhin?
- Immer wieder tauchen bestimmte Ängste auf. Du fühlst dich als Opfer dieser Ängste. Interessanterweise haben andere diese Ängste nicht. Das könn-

te ein Hinweis sein, dass die Angst für etwas anderes steht. Wichtig ist, die Entscheidung, dass diese Ängste nicht mehr dein Leben bestimmen sollen.

- Immer wieder fühlst du dich von anderen enttäuscht. Warum? Was erwartest du von ihnen, was du vielleicht selbst in dein Leben holen könntest?
- Du fühlst dich oft überfordert. Das ist ein Zeichen dafür, dass du deine eigene Messlatte zu hoch hängst. Aus eigener Erfahrung weiß ich, dass es gar nicht so leicht ist, die Messlatte niedriger zu hängen, aber es geht! Frage dich auch hier: Was kann ich tun, damit ich mich nicht mehr überfordert fühle. Versuche nicht in die Falle zu tappen: Das ist eben so, wenn man Kinder hat/ einen so anspruchsvollen Job hat / wenn man sich selbstständig macht etc.

So wie du Licht dimmen kannst, kannst du auch deine Ansprüche runterdrehen auf ein Maß, dass für dich zu bewältigen ist. Allerdings musst du es wollen!

Der Mittelpunkt deines Lebens bist du

Denke immer daran: Es geht letztendlich um dich. Am Ende bist du der Mittelpunkt deines Lebens. Erst wenn du mit dir selbst im Reinen bist, dann und nur dann kann dein Licht nach außen strahlen und andere wärmen. Auch wenn wir gelernt haben, uns nicht an die erste Stelle zu stellen. Uns nicht so wichtig zu nehmen. Nicht egoistisch zu sein.

Stelle dir eine kleine zarte Pflanze vor, die gerade aus der dunklen Erde wächst und das Licht der Welt entdeckt. Als sie ihr Köpfchen aus der Erde steckt, sieht sie um sich herum andere kleine Pflanzen. Was tut sie? Gibt sie den Regen an die anderen Pflanzen ab? Schaut sie, dass die anderen Pflanzen mehr Sonne als sie selbst bekommt? Nein, die Pflanze „weiß", was sie braucht und das nimmt sie dankbar auf. Später, wenn sie groß und stark ist, wird sie anderen Schatten spenden. Sie wird helfen, dass andere Bäume bestäubt werden. Vögel, Bienen und andere Insekten willkommen heißen, ihr Obst verschenken, die Luft reinigen, ihre Blätter der Erde schenken usw. All das funktioniert jedoch nur, wenn die Pflanze, der Obstbaum, voll in seiner Kraft steht und gut zu sich ist. Ein Obstbaum käme „nie auf die Idee" eine Eiche oder eine Rose sein zu wollen. Der Obstbaum ist dann stark, fruchtbar und ergiebig, wenn er das aufnehmen kann, was zu ihm passt.

Übrigens ist es bei Babys, die das Licht der Welt erblicken ganz ähnlich. Nur irgendwann verändert es sich. Lasst uns also zurückkehren zu unserer Stärke, zu unserer Authentizität und zu unserer Energie.

Wenn du dich selbst zum Mittelpunkt deines Lebens machst, profitieren auch andere von deinem Licht: Deine Arbeit, deine Familie, deine Kinder, deine Freunde – kurz Menschen, die Teil deines Lebens sind. Stelle dir vor, wie du mit deinem Licht auf andere strahlst, ihr Leben hell machst und ihnen Wärme schenkst. Einfach deshalb, weil du gut zu dir bist. Was kann es Schöneres geben?

Ich bin – oder etwa nicht?

Beende einmal den Satz „Ich bin …" Vielleicht fallen dir auch mehrere Satzenden ein?

✐ Schreibe sie ruhig auf.

Zu gerne würde ich dir nun über die Schulter schauen. Lass mich raten. Waren die Satzenden eher negativ? So etwas wie: Ich bin ungeduldig, unpünktlich? Du hast positive Satzenden gefunden? Na, dann herzlichen Glückwunsch!

Meistens fallen uns nämlich zuerst die Schwächen ein, die uns vermeintlich ausmachen. Wir sind es nicht gewohnt, über unsere Stärken nachzudenken und schon gar nicht, sie auszusprechen. Werden Menschen nach ihren Stärken gefragt, dann fallen ihnen vielleicht noch zwei, drei Attribute ein. Das war's dann aber schon! Lass uns doch mal gemeinsam schauen:

- Ich bin schön.
- Ich bin attraktiv.
- Ich bin ein/e gute/r Zuhörer/in.
- Ich bin hilfsbereit.
- Ich bin freundlich.
- Ich bin sportlich.
- Ich bin groß.
- Ich bin im besten Alter.
- Ich bin klug.
- Ich bin belesen.
- Ich bin politisch gut informiert.
- Ich bin über meine Mitmenschen gut informiert.
- Ich bin einfühlsam.
- Ich bin empathisch.
- Ich bin sympathisch.
- Ich bin kuschelig.
- Ich bin liebevoll.
- Ich bin fürsorglich.
- Ich bin fröhlich.
- Ich bin lustig.
- Ich bin ein/e gut/e Handwerker/in
- Ich bin ein guter Koch.
- Ich bin künstlerisch begabt.

Du merkst, die Liste ließe sich noch lange weiterführen. Wie viele Attribute hast du gefunden, die auf dich passen? Bestimmt mehr als ein oder zwei?

Woran liegt es, dass es uns so schwerfällt, unsere Stärken zu LEBEN? Warum legen wir uns meistens auf unsere Schwächen fest? Ein Grund liegt sicherlich darin, dass unser Schulsystem defizitär orientiert ist. Es gilt Fehler und Leistungsschwächen zu finden, und auszumerzen. Die Noten drücken das ebenfalls aus. Ein Schulsystem, welches stärkenorientiert wäre, würde zwar ebenfalls ein gewisses Grundwissen anbahnen, dann aber die Stärken der Schüler vielmehr fördern. Ein Kind, welches also im Schreiben, Lesen, Rechnen große Schwächen hat und dafür im Sport stark ist, würde im sportlichen Bereich bestärkt. Möglich wäre, dass dieses Kind dann eben auch mehr Sportunterricht hätte. Im Lesen, Schreiben, Rechnen würden Basiskompetenzen angestrebt. Unser Leistungssystem hat zur Folge, dass die meisten von uns sehr gut wissen, was sie nicht gut können.

Zum anderen liegt die unbewusste Betonung der Schwächen auch daran, dass die Anforderungen an unser Leben sehr vielfältig sind. Es reicht nicht nur Mutter/Vater zu sein, sondern wir gehen möglichst einem qualifizierten Beruf nach. Natürlich wollen wir unseren Kindern heute alles Mögliche bieten: Sie bestens fördern, im Beruf unsere Arbeit gut machen und nebenbei noch ein gut gefülltes Freizeitleben absolvieren. Wir erwarten von uns selbst, dass wir funktionieren. Am liebsten einwandfrei.

Eine Illusion

Doch das ist eine Illusion. Jeden Tag werden wir daher mit dem Ergebnis konfrontiert, dass die Dinge nicht so laufen, wie wir es gerne hätten. Täglich müssen wir erleben, dass wir nicht so perfekt funktionieren. Wir werden also immer wieder mit unseren vermeintlichen Schwächen konfrontiert. Bei vielen Menschen ist der Anspruch an sich selbst so hoch, dass sie es gar nicht schaffen können. Demzufolge sind sie immer irgendwie unzufrieden und sehen schon den nächsten Misserfolg auf sich zukommen.

Gerade Frauen fällt es sehr schwer, sich selbst zu feiern: „Das habe ich richtig gut gemacht." „Ich bin richtig stolz auf mich!" „Ja, besonders gut kann ich …" Diese Sätze hören wir von Frauen eher selten.

Nur, wie willst du wissen, welche Stärken du hast, wenn du sie nicht selbst bemerkst und anerkennst?

Wenn ich in meinen Coachings Frauen auf ihre Stärken anspreche, erlebe ich immer wieder, dass sie diese mit Sätzen abtun wie: „Ach, das ist doch nichts" „Das ist doch selbstverständlich!" „Das kann doch jeder." Oder sie sind peinlich berührt und können auf die Frage: „Kannst du das, was du an jedem Tag alles leistest anerkennen?", nur sehr zögerlich nicken oder sie schütteln vielleicht den Kopf. Wir sind es einfach nicht gewohnt, über unsere Stärken und Erfolge zu sprechen.

Hinzu kommt der neue Trend der Selbstoptimierung. Wie können wir noch fitter, gesünder, beliebter, leistungsstärker, schlanker, attraktiver bis ins hohe Alter werden? Wie schaffen wir es noch optimaler, und bitte ohne Stress, alles zu wuppen: Kinder, die eigenen Eltern, den Freundeskreis, die Arbeit und die zahlreichen Freizeittermine. Die Kinder sollen optimal gefördert werden, höflich und gesellschaftsfähig sein. Haus, Wohnung, Garten immer tipp topp und die Reisen werden immer exotischer, um überhaupt noch im Gespräch zu bleiben. Nicht nur die Fenster unserer Wohnung sollen glänzen, sondern auch die Fassade unseres Lebens: Schlank, top gestylt, sportlich und unterhaltsam sollen wir sein. Vielleicht übertreibe ich an dieser Stelle ein wenig, aber manchmal helfen Übertreibungen, um die Wurzel überhaupt zu sehen. Es macht deutlich, dass wir uns zunehmend unter Druck setzen.

Weil das alles kaum leistbar ist, nehmen die Sorgen und Ängste immer mehr zu – und da sind wir wieder voll im Überlebensmodus. Die Stresshormone durchfluten den Körper, weil wir das alles gar nicht mehr schaffen.

Wer bin ich eigentlich? Bin ich wirklich noch Ich oder bin ich eine funktionierende Maschine, die immer mal wieder Ausfälle hat? Ausfälle wie Krankheiten, Unfälle, absolute Erschöpfung, Ausraster, Antriebslosigkeit und dergleichen mehr. Haben wir überhaupt noch die Zeit unser Ich wahrzunehmen? Was will denn dieses Ich und wo ist es geblieben?

Vielleicht ist es irgendwo auf der Strecke geblieben zwischen Kindheit und jetzt? Viele Menschen wissen noch sehr gut, wie ihr Ich als Kind war: „Als Kind war ich total sportlich/ fröhlich/ kreativ …". Aber wo ist dieses Ich hin, was ist aus ihm geworden. Ist dafür keine Zeit mehr? Ist jetzt alles so anders?

✍ Ich bin – Schreibe auf

Nimm dir 5 Minuten Zeit und schreibe alles, wirklich alles auf, was dir zu dem Satz: „Ich bin … " einfällt. Stelle einen Timer auf 5 Minuten und schreibe einfach los. 5 Minuten sind wirklich nicht lang. Dennoch, du wirst erstaunt sein, was dabei alles herauskommt.

Anselm Grün sagte einmal bei einem Vortrag: In der Meditation dürfen wir einfach sein. Ich bin. Die Meditation verfolgt kein Ziel, kein Muss. Einfach sein.

Was bedeutet es überhaupt, einfach zu sein? Was bin ich denn? Bin ich meine Gedanken? Bin ich meine Gefühle und Emotionen? Bin ich mein Körper, der vielleicht gerade schmerzt? In der Meditation darf all das sein. Ohne Bewertung. Höre auf deine Gedanken, höre ihnen zu. Spüre, wie sich die Wut, der Ärger, aber auch die Freude, die Liebe und die Dankbarkeit anfühlt.

Das, was gerade JETZT ist, das darf auch sein. Im Alltag haben wir oftmals keine Zeit dazu: Wir hängen unseren Träumen nicht länger nach, weil wir müssen noch…. Wir spüren unserer Wut im Körper nicht nach, weil wir gerade im Gespräch sind und danach müssen wir… Wir verdrängen, wir schieben auf, wir drücken Emotionen weg und können uns dennoch vor der Gedankenflut kaum retten. Sind wir also unsere Gedanken?

Bist du deine Gedanken?

Stelle dir eine Spinne vor. Sie ist Handteller groß. Behaart ist sie auch. Stelle dir nun vor, sie sitzt auf deiner Hand.

Kannst du es dir vorstellen? Meine Worte haben nun deine Gedanken in eine bestimmte Richtung gelenkt. Vielleicht konntest du sogar ein Kribbeln in deinem Handteller spüren. Konntest du eine Abwehr spüren, Angst, Widerwillen? Hattest du den Impuls deine Hand zu schütteln oder gar an der Hose abzureiben? Diese Gedanken und die damit verbundenen Emotionen wurden durch einen Impuls von außen (durch diese Zeilen) hervorgerufen. Ohne diese Zeilen hättest du gar nicht an Spinnen gedacht oder überhaupt die Angst oder den Ekel gespürt. Möglicherweise hast du gar keine Angst vor Spinnen und du wunderst dich über diese Zeilen, weil sie bei dir gar nichts bewirken. Vielleicht schmunzelst du sogar, weil du gar nicht verstehen kannst, dass allein diese Zeilen über die Spinne zu einer Angstreaktion führen können.

Diese Zeilen haben zu deinen Gedanken geführt und diese haben Emotionen im Körper ausgelöst. Deine Emotionen haben erneut passende Gedanken hervorgerufen. Und all das, nur weil ich es hier aufgeschrieben habe. Bist du also deine Gedanken? Nein, bist du nicht! Deine Gedanken laufen manchmal ganz unkontrolliert ab und du bist ihnen hilflos ergeben. Manchmal jedoch bemerkst du, was da gerade abläuft. War das vielleicht gerade der Fall? Hast du gedacht: „Nein, ich durchschau das. Auf dieses Spielchen lasse ich mich nicht ein!" Du hast vielleicht gemerkt, wie das Ekelgedankenkarussell an Fahrt aufnahm, aber du konntest noch abspringen. Du hast die Zeilen vielleicht einfach übersprungen oder dich gar nicht erst auf die Vorstellung eingelassen.

Wer ist dieser Entscheider? Wer entscheidet das, wenn nicht deine Gedanken?Dieser Entscheider, dieses Über-Ich wird als das Selbst bezeichnet. Dieses Selbst hinterfragt zum Beispiel: *Warum rege ich mich eigentlich so auf? Jetzt denke ich ja schon wieder daran, das wollte ich doch gar nicht. Die war wirklich unfreundlich und jetzt fühle ich mich schlecht – das brauche ich doch gar nicht.*

Ohne dieses Selbst würden Gedanken und Emotionen einfach unbeobachtet wirken können.

Ein Beispiel: Die Verkäuferin ist dir gegenüber unfreundlich und kurz angebunden. Gedanken schießen durch deinen Kopf: „Zu der Kundin vor mir war sie doch noch total freundlich. Das liegt an mir. Ich bin es nicht wert, dass sie zu mir auch freundlich ist. Wahrscheinlich sehe ich schon so aus." In der Folge fühlst du dich auch schlecht.

Der Satz: Ich bin es nicht wert – macht dich zu einem wertlosen Menschen. *Ich bin* – stellt immer einen Zustand dar und wird zu einem gefühlten Teil deiner Persönlichkeit. Es ist nichts Vorübergehendes. Unser Gehirn nimmt es als JETZT an und der Körper liefert die passenden Emotionen dazu. Du merkst, wie der Brustkorb eng wird und dein Hals ebenso. Deine Stimme wird ganz dünn und unsicher.

Du bist zum Opfer deiner Wahrnehmung, deiner Gedanken und Emotionen geworden. Wenn du dir jedoch deiner Selbst bewusst bist und genau diesen Ablauf bemerkst, dann wirst du dir vielleicht sagen können: „Nur weil die Verkäuferin unfreundlich ist, muss ich mich doch nicht schlecht fühlen. Schließlich ist das ihre Baustelle." Du entscheidest darüber, ob du dich auf das „Spiel" einlassen willst oder nicht.

Geistiges Erwachen

„Erwachen" damit wird der Prozess bezeichnet, wenn du merkst: Ich bin gar nicht meine Gedanken und Emotionen. Ich kann mich jederzeit entscheiden, ob ich mich darauf einlasse. Je bewusster ich meine Gedanken und Emotionen wahrnehme, desto mehr Einfluss habe ich: Ich bin mir meines Selbst bewusst. Ich bemerke, was ich im Außen wahrnehme (die Laune der Verkäuferin) und wie es bei mir im Innen ankommt (meine Gedanken, Emotionen und die körperlichen Reaktionen). Ich entscheide, ob ich meine Wahrnehmung auch ganz anders in meinem Inneren verarbeiten kann (z.B. ich lächele die Verkäuferin an, wer weiß, was für eine Laus ihr über die Leben gelaufen ist).

Dieses geistige Erwachen, dieses sich seines Selbst bewusst zu sein, bedeutet auch: Ich erlaube mir, so zu sein, wie ich mich gerade fühle. So zu sein, wie ich bin. Damit meine ich nicht, dass wir immer, wenn uns danach ist unseren Ärger oder unsere Wut raushauen. Nein, das können wir mit uns selbst ausmachen: Ich bleibe ganz bei mir. Ich suche nicht die Schuld bei den anderen. Ich mache mich nicht zum Opfer. Ich übernehme die Verantwortung für meine Gedanken, meine Stimmung, mein Tun und für die Konsequenz. Ich finde Lösungen, die mich nicht zum Opfer machen, sondern zum Entscheider.

Ich bin – meint immer den Zustand JETZT. So kann ich mir erlauben, mich dafür entscheiden, meine Wut zu fühlen, meine Angst wahrzunehmen, meinen Ärger als Energie im Körper wahrzunehmen. Das ist etwas anderes, als einfach nur seinen Gedanken nachzuhängen und im Gedankenkarussell festzustecken. Wenn ich mich beispielsweise über den Nachbarn ärgere, der mich angemeckert hat, weil mein Hund sein Geschäft auf seinem Rasen gemacht hat, dann kreisen die Gedanken meistens um das Gespräch:

Was er gesagt hat, in welchem Ton, was ich hätte sagen können oder sollen. Dass ich im Recht bin oder Ähnliches.

Das Ganze kann sich nicht auflösen, weil in der Regel kein Gespräch stattfindet, das den Zustand wieder auflösen könnte. Bleibe ich jedoch bei dem

Gefühl, das der Ärger bei mir auslöst, dann kann sich diese Energie durchaus wieder in eine produktive Energie verwandeln.

Es lohnt sich daher, bei sich selbst zu bleiben, das Gefühl der Emotion „Ärger" einfach nur wahrzunehmen. Wo fühle ich den Ärger? Spüre ich da richtig rein, dann scheint sich das Gefühl der Enge, der Aufgeregtheit geradezu aufzulösen und hinterlässt ein friedliches Gefühl. Allerdings ist dieser Prozess ist im Alltag oftmals schwierig, weil wir keine Zeit dazu haben. Unseren Gedanken können wir fast überall nachhängen: Im Auto, beim Einkaufen und manchmal auch bei der Arbeit. Unter Umständen sind unsere Gedanken so dominant, dass es uns schwerfällt, jemand anderem zuzuhören. Unsere Gedanken dominieren dann nicht nur unser Denken, sondern auch unsere Mimik, unsere Ausstrahlung, unser Tun – kurz gesagt unsere Energie. Wir stecken nicht nur in ärgerlichen Gedanken, sondern in einer Energie aus Ärger. Bestimmt ist dir das schon bei anderen Menschen aufgefallen. Diese Energie ist wie eine Nebelwolke, die uns dann auch umgeben kann. Ob wir wollen oder nicht.

Zurück zur Meditation: Um das wahrzunehmen, was mich genau in diesem Moment ausmacht, braucht es also das In-sich-hineinspüren: *Wie bin ich gerade jetzt? Was bin ich gerade jetzt? Was fühle ich gerade jetzt?*

Um bei dem Beispiel zu bleiben: Ich bin ärgerlich! Es braucht also ein Zeitfenster, in dem ich ganz ungestört bin. Nur so können wir abschalten von den äußerlichen Reizen. Natürlich besteht auch hier die Gefahr, dass wir in der Meditation unseren Gedanken nachhängen. So kann es passieren, dass wir den Timer auf 20 Minuten programmieren und hinterher feststellen, wir sind nur unseren (ärgerlichen) Gedanken nachgegangen – erneut hat das Gedankenkarussell überhandgenommen. Daher ist der Fokus auf das Fühlen enorm wichtig.

Anselm Grüns Anregung in der Meditation einfach nur sein zu dürfen, ist also gar nicht so leicht. Es braucht die Bereitschaft, den Fokus auf dem Fühlen zu wahren und die Gedanken vorbeiziehen zu lassen. Da wir unsere Gedanken nicht einfach abschalten können, erlauben wir ihnen ebenfalls zu sein, aber wir lassen uns nicht dominieren. Immer wieder kehren wir mit unserem Fokus in das Fühlen zurück.

Funktioniert die „Ich bin"-Meditation nur, wenn ich mich ärgere, Angst habe, wütend oder traurig bin – also bei negativen Emotionen? Natürlich nicht, aber sie stellen einen guten Anlass dar, diese Form der Meditation auszuprobieren. Man könnte sagen, dass es den meisten von uns relativ leicht fällt, diese Emotionen zu fühlen. Negative Emotionen „erleichtern" es uns zunächst den Fokus zu wahren: Einfach ganz bewusst nachzuspüren – wo fühle ich den Ärger? Im Bauch? Wo noch?

Es ist außerordentlich erleichternd, wenn du merkst, wie sich die Energie ändert und der Ärger einem Empfinden von Gelassenheit, Ruhe oder Frieden Platz macht.

Und was ist mit unseren Träumen?

Ebenso, wie wir uns fragen: Bin ich meine Gedanken? Können wir uns auch fragen: Bin ich meine Träume?

Ebenso, wie ich nicht meine Gedanken bin, bin ich auch nicht meine Träume. Aber Träume zu haben, ist doch schön. Es ist schön, von etwas zu träumen. Wir träumen vom Urlaub am Meer, von einem bestimmten Auto, von einem kleinen Häuschen irgendwo, und manchmal träumen wir einfach davon, mehr Zeit zu haben. Häufig träumen wir von Dingen, die wir irgendwo gesehen, gehört oder gelesen haben. Wir sehen ein Plakat mit türkisblauem Meer und träumen davon, dorthin zu reisen. Zunächst bleibt es ein Traum, weil wir nicht die Zeit und das Geld haben. Vielleicht haben wir den Traum auch schon wieder vergessen, wenn die nächste Urlaubsplanung ansteht. Was hat es also mit den Träumen auf sich?

Erinnerst du dich: Aus Gedanken können Emotionen werden, die wir im Körper fühlen. Mit den Träumen ist das genauso. Sie geben uns ein bestimmtes Gefühl: von Freiheit, Leichtigkeit, Macht, Liebe, von…

Am Ende steht immer das Gefühl. So gibt das Sportauto, das ein lang gehegter Traum war und nun endlich vor der Tür steht manch einem ein Gefühl des Stolzes, der Macht und der Freude. Jemand anderem gibt das Planen eines Hawaii-Urlaubs das Gefühl von Freiheit. Dem Nächsten geht es beim Träumen vom Traummann um das Gefühl von Liebe und von Nähe. Es geht also immer um das, was am Ende dabei rauskommt: Das Gefühl, das wir im Körper wahrnehmen. Und genau diese Stimmung können wir mit in die Meditation einbinden:

Ich bin freudig/ fröhlich – weil ich die Freude spüren kann. Ich bin ärgerlich – weil ich den Ärger in mir spüren kann. So kann ich alle möglichen Gefühle haben ohne die dazu passenden Gedanken. Gerade bei den Träumen, bei den positiven Gefühlen hilft mir jedoch die Vorstellung vom glitzernden Meer oder vom Sportauto. Dann solltest du ins Fühlen gehen. Immer mehr und immer tiefer. Warum? Weil du bzw. dein Körper dadurch lernt, diese positiven Gefühle zu kreieren ohne, dass es dazu das Ereignis im Außen braucht.

Das bedeutet: In der Meditation kannst du die Liebe fühlen, obwohl gerade keiner zum Liebhaben da ist. Du kannst die Freude fühlen, obwohl es im Außen gar keinen Anlass gibt. Du freust dich einfach, weil du dich freust. Im Ergebnis wirst du dich immer öfter auch außerhalb der Meditation leicht und voller Freude fühlen. Je regelmäßiger du übst, desto leichter wird es dir auch in deinem Alltag fallen.

Die Ich-bin-Meditation 🎧

Stelle deinen Timer. Je nachdem wie viel Zeit du hast, reichen 5 Minuten, besser 10 Minuten. Wenn du ganz viel Zeit hast, dürfen es auch 20 Minuten sein.

- Nimm zunächst deinen Körper wahr. Von den Füßen bis zur Krone des Kopfes.
- Nimm wahr, wie du sitzt.
- Nimm die Geräusche im Außen wahr.
- Komme dann nach innen, indem du deine Stimmung wahrnimmst. Wie ist sie (freudig, ärgerlich, wütend, gelassen, trübe, traurig…)
- Gehe weiter nach innen, indem du deine Gedanken wahrnimmst und einfach nur beobachtest.
- Nun beginne zu fühlen. Was lösen deine Stimmung, deine Gedanken in dir aus? Was fühlst du? Wo fühlst du es?
- Sind deine Gedanken, deine Emotionen gerade sehr stark (z.B. der Ärger), dann versuche immer wieder ins Fühlen zu kommen. Lasse dich nicht von deinen Gedanken dominieren. Spüre immer wieder in deinen Körper hinein. Mache die Erfahrung, wie sich die Energie wandelt.
- Beziehe den „Ich-bin-Gedanken" mit ein, wenn deine Gedanken nicht so dominierend sind: Formuliere also in deinen Gedanken den Satzanfang „Ich bin…" formuliere keine Antworten. Dein Geist wird Gedanken bzw. Antworten produzieren.
- Vielleicht ploppt der Gedanke auf: „Ich bin sportlich" oder „Ich bin traurig" oder „Ich bin enttäuscht". Komme dann wieder ins Fühlen. Was fühlst du, wenn du das denks? Versuche, wirklich tief in dieses körperliche Gefühl einzutauchen.
- Lasse alles zu. Alles darf sein. Auch: „Ich bin schön" oder „Ich bin toll" Du bist ganz für dich, keiner schaut in dich hinein. Lasse alles zu. Alles darf sein.
- Lasse dich nicht von deinen Gedanken in „vertraute" Gewässer ziehen. Spüre immer wieder in den Körper hinein. Fühle die Energie.
- Versuche so lange wie möglich beim Fühlen zu bleiben und beobachte, was deine Gedanken bei dir bewirken. In der Meditation geht es in erster Linie um das Fühlen.

✎ Schreibe anschließend auf, was du wahrgenommen hast!

Bewusst oder unbewusst, das ist die Frage

Was heißt das eigentlich „bewusst"? Bewusst bedeutet, wie sind es uns dessen gewahr, was wir tun. Laut Duden bedeutet bewusst: absichtlich, gewollt, willentlich. Wir nehmen etwas bewusst wahr, eine bewusste Entscheidung, er hat bewusst gelogen, wir sind uns der Umweltverschmutzung bewusst – hier nur einige Beispiele. Das heißt, wir treffen eine Entscheidung: Aufgrund äußerer Umstände oder gemachter Erfahrungen entscheiden wir uns z. B. für die Lüge oder bewerten den Abfall auf dem Platz in der Stadt als Umweltverschmutzung und nicht als Kunstobjekt. Auch eine Lüge ist bewusst, denn wir entscheiden uns, nicht die Wahrheit zu sagen. Allerdings, so sagt der Hirnforscher Gerhard Roth von der Universität Bremen: Nicht die Vernunft lenke primär unser Handeln, sondern Affekte und Emotionen. Das geschehe oft unbewusst.[8]

Tom

Tom liebt Sportautos. Nach Möglichkeit spart er fast sein ganzes Geld, um sich alle paar Jahre ein neues Auto zu gönnen. Er liebt es mit hoher Geschwindigkeit über die Autobahn zu fahren und ist geradezu süchtig nach dem Gefühl, während des Beschleunigungsvorgangs in den Sitz gedrückt zu werden. Wäre Tom jetzt hier, so könnte er uns genau erzählen, was ihn so an Sportautos fasziniert und warum er bereit ist, so viel Geld dafür auszugeben. Er ist sich seiner Leidenschaft bewusst und weiß auch, dass es für andere völlig übertrieben erscheint. Aber das ist ihm egal. Er ist sich außerdem der Tatsache bewusst, dass es viele Argumente gegen Sportautos gibt.

Seine Leidenschaft überwiegt dennoch. Auf die Frage, wie es zu der Faszination gekommen ist, kommt seine Antwort, wie aus der Pistole geschossen: „Das habe ich von meinem Vater. Er ist auch so vernarrt in Sportautos. Vor allem in Oldtimer. Früher hat er mich immer zu den Oldtimertreffen mitgenommen. Das sind für mich die schönsten Kindheitserinnerungen. Mein Vater und ich haben nicht viel gemeinsam, aber darüber können wir stundenlang reden. Meine Mutter verdreht dann schon immer die Augen!", sagt er augenzwinkernd.

Tom ist sich nicht nur seiner Leidenschaft voll bewusst, er ist sich auch bewusst, woher seine Leidenschaft kommt. Er kann sich gut erinnern, wie positiv ihn die Erlebnisse mit dem Vater geprägt haben. Er weiß noch ganz genau, wie

---

8 https://www.dasgehirn.info/denken/emotion/verstand-gegen-gefuehl

er mit 12 Jahren beschloss, sein Geburtstagsgeld für ein eigenes Sportauto zu sparen. Dafür schenkte sein Vater ihm eine Geldkassette, denn allen beiden war klar, dass er lange dafür sparen musste und eine Spardose zu klein sein würde. Er erinnert sich noch gut daran, wie sein Vater später einmal zu einem Sportsfreund sagte: „Tom ist genauso verrückt wie ich!" Tom nahm den Stolz in der Stimme des Vaters voller Freude wahr, denn dieser Stolz schien im krassen Gegensatz dazu zu stehen, wie der Vater über seine schulischen Leistungen dachte. Nie waren ihm die Noten gut genug gewesen. Der Vater hatte überall Einsen auf den Zeugnissen gehabt. Das Lernen war ihm leichtgefallen. Tom dagegen hatte sich schon immer mit dem Lernen schwergetan. Schule interessierte ihn einfach nicht. Er war sich der Tatsache bewusst, dass sein Vater seinen Beruf als Handwerker in einer Dachdeckerfirma überhaupt nicht guthieß. Wäre es nach dem Vater gegangen, so hätte er studiert. So, wie er selbst.

Wie wir erfahren haben, ist sich Tom über viele Aspekte der Beziehung mit seinem Vater bewusst. Er hat viel darüber nachgedacht und mit Freunden darüber gesprochen. Er weiß genau, woher seine Leidenschaft für Sportautos kommt. Er ist sich dessen bewusst.

Weniger bewusst ist ihm jedoch, dass sein Vater ihn durch die negative Bewertung seiner schulischen Leistungen, nachhaltig beeinfluss hat. Wie jedes Kind wollte Tom seinem Vater gefallen. Unbewusst hat er nach etwas gesucht, was dem Vater gefallen könnte. Schon als kleiner Junge merkte er, dass der Vater ihm gerne und begeistert von seiner Leidenschaft erzählte. Er wusste es zu schätzen, dass sein Sohn sich dafür interessierte. Unbewusst verstärkte der Vater so die Interessen des Sohnes und nahm darauf Einfluss. Die spätere Ablehnung des Vaters seiner Schulleistung verstärkte dieses Interesse bei Tom unbewusst. Durch sein Interesse für Sportautos suchte Tom unbewusst nach Anerkennung durch den Vater und die bekam er auch. Somit wurde der Prozess wieder verstärkt. Aus dem Interesse wurde bei Tom ebenfalls Leidenschaft. Der Vater war nun sogar stolz auf ihn. Dies bestätigte Tom und sein Bedürfnis nach Anerkennung durch den Vater wurde befriedigt. Auf der anderen Seite stand stets die Geringschätzung seiner schulischen Leistungen und später seiner Berufswahl.

Tom ist sich seiner Leidenschaft und auch der Tatsache bewusst, woher diese Leidenschaft kommt. Ist er sich jedoch bewusst, dass es das Verhalten des Vaters war, welches ihn dazu gebracht hat, zunächst Interesse und dann Leidenschaft zu entwickeln? Durch sein berechtigtes Bedürfnis nach Anerkennung durch den Vater wurden unbewusste Mechanismen in Gang gesetzt. Denn Kinder suchen unbewusst die Anerkennung durch die Eltern. Sie suchen nach Regeln und Strukturen. Nur so können sie lernen, was in dieser Welt richtig und was falsch ist. Durch die Anerkennung der Eltern bekommen sie unbewusst Bestätigung: „Ja, es ist richtig, wie du dich verhältst." Damit geben Eltern indirekt die Bestätigung, dass das Kind in seiner Fähigkeit wächst, um im Leben zurechtzukommen. Daher ist die Anerkennung der kindlichen Verhaltensweisen durch die Eltern von enormer Bedeutung.

An dieser Stelle stellt sich die Frage: Was wäre gewesen, wenn auch Tom in der Schule gut gewesen wäre? Wenn ihm das Lernen ebenso leichtgefallen wäre, wie dem Vater? Wenn er die guten Noten ebenso aus dem Ärmel geschüttelt hätte? Hätte er dann die Anerkennung des Vaters für sein Interesse an Sportautos gebraucht? Wäre dann eine ebenso große Leidenschaft entstanden? Möglicherweise hätte sich Tom dann viel leichter vom Vater abgrenzen können und andere Hobbys ausprobiert.

Vielleicht wäre er leidenschaftlicher Fußballspieler geworden. Hier hätte er jedoch nicht mit der Anerkennung des Vaters „rechnen" können, da sein Vater sich nie sonderlich für Fußball interessierte. Da er sich durch die guten Noten jedoch insgesamt anerkannt gefühlt hätte, wären die Dinge vielleicht ganz anders geworden.

Am Ende wissen wir es nicht. Das Beispiel ist vielleicht ein wenig einfach gestrickt, aber es macht den Unterschied zwischen „bewusst" und „unbewusst" deutlich. Tom ist sich seiner Leidenschaft bewusst. Allerdings haben unbewusste Muster (das Verhalten des Vaters und Toms Bedürfnis nach Anerkennung) überhaupt erst zum Interesse für Sportautos geführt. Spannend ist auch, dass das Verhalten des Vaters Tom bis in hohe Erwachsenenalter unbewusst prägt und beeinflusst. Unbewusst arbeitet Tom viel nebenbei und an Wochenenden, damit er sich all die Sportautos leisten kann. Es ist ihm nicht bewusst, aber noch immer sucht er nach der Anerkennung des Vaters. Sein Vater soll nicht denken, nur weil er ein Handwerker sei, könne er sich das nicht leisten. Unbewusst richtet er seine Handlungen danach aus und trifft Entscheidungen aufgrund der Prägungen durch seinen Vater.

Was wäre, wenn es den Vater und seine Einstellungen nicht gäbe? Vielleicht würde von Tom eine große Last fallen. Vielleicht würde er merken, dass ihm die Autos gar nicht so wichtig sind? Was würde von der Leidenschaft bleiben, wenn die Anerkennung des Vaters ausbleiben würde?

Der Unterschied zwischen bewusst und unbewusst

Ich hoffe, das Beispiel hat dir den Unterschied zwischen „bewusst" und „unbewusst" verdeutlicht.

In unserem Alltag verhalten wir uns oft „unbewusst" bzw. treffen unbewusste Entscheidungen. Unbewusst schauen wir nach links und rechts bevor wir über die Straße gehen. Unbewusst treten unsere Füße beim Autofahren das richtige Pedal. Unbewusst lächeln wir die Verkäuferin an, die lächelnd auf uns zukommt. Unbewusst sind auch viele unserer Gedanken. Sicherlich hast du es schon mal erlebt: Jemand fragt dich, was hast du gerade gedacht und du musst erst mal darüber nachdenken „Hm, was habe ich gerade eigentlich gedacht?" Ebenso unbewusst denken wir z.B. „Ich muss meine Winterjacke rausholen!", wenn es plötzlich kalt wird und wir den ersten Menschen mit Winterjacke begegnen. Du selbst nimmst kaum wahr, dass du das gedacht hast. Unser Unterbewusstsein ist eine äußerst intelligente Instanz. Viele Menschen denken, dass ihre Gedanken, vor allem die unbewussten, flüchtig seien. Dass sie nichts hinterlassen. Dem ist, wie wir gelernt haben, nicht so. Denn jeder Gedanke ist ein elektrischer Impuls im Gehirn, der Weiteres auslöst: Jeder Gedanke löst eine Emotion aus. Im Ergebnis ist das ein Erlebnis. Dieses Erlebnis wird in unserem Unterbewusstsein abgespeichert, in erster Linie als Emotion. Das bedeutet: all deine Erlebnisse, Erfahrungen, Glaubenssätze und Werte werden nicht vom Verstand abgespeichert, sondern in deinem Körper als Gefühl. So erklärt es sich, dass aus unverarbeiteten negativen Erlebnissen Krankheiten entstehen können. In diesem Zusammenhang ist „negativ" zunächst einmal rein subjektiv. Denn was wir als negativ empfinden, ist für jeden etwas anderes.

Dein Navi – vertraust du ihm blind?

Jedes Erlebnis, jeder Eindruck, jede Erfahrung bleibt dem Körper erhalten, so wie Informationen, die auf eine CD gebrannt werden. Diese Informationen, die wir größtenteils gar nicht bewusst wahrnehmen, navigieren uns, wie ein Navi durch unser Leben. Und so kann es tatsächlich passieren, dass uns unser internes Navi in Situationen hineinnavigiert, in denen wir uns niemals geglaubt hätten. Sicherlich kennst du die Geschichte von dem Autofahrer, dessen Navi ihn an eine Stelle navigiert hatte, wo es vor ihm steil bergab ging und in einen Fluss führte.

Folgen wir diesem inneren Navi „blind" wird es uns aufgrund der eingespeicherten Informationen navigieren. In der Folge wundern wir uns, warum wir immer wieder in die gleichen Situationen geraten. Warum wir immer wieder ähnlichen Mustern folgen und uns einfach nicht davon lösen können. So erklärt es sich, dass Männer, aber auch Frauen immer wieder von demselben Partnertyp angezogen werden, obwohl ihnen die Erfahrung sagen müsste: „Passt nicht, kann ich gleich lassen." Ist es dir schon mal aufgefallen, dass du immer wieder in bestimmte Situationen „stolperst"? Dass du immer wieder Menschen anziehst, die irgendwie nicht zu dir passen? Dass du bei jeder Arbeitsstelle die gleichen Probleme hast – immer wieder? Dann folgst du vermutlich unbewusst deinem inneren Navi, das dich so gut es geht, aufgrund der ihm zur Verfügung stehenden Informationen, durch dein Leben navigiert. Fragst du dich, warum es so schwer ist, etwas zu verändern? Warum andere mehr Glück haben als du? Du brauchst den Zugang zu deinem Navi und den dort hinterlegten Informationen. Erinnere dich an Tom: Sein Navi hat ihn immer wieder zur Autoleidenschaft geführt. Würde er sich dessen bewusst werden, stellte er vielleicht fest, dass die einstige Leidenschaft gar nicht mehr so groß ist und dass er sich gerne anderen Dingen zuwenden würde. Das setzt jedoch voraus, dass er sich von dem Wunsch, von seinem Vater anerkannt zu werden, löst. Was in Kindertagen ganz in Ordnung ist, braucht der erwachsene Mensch nicht mehr. Schließlich ist Tom nun nicht mehr von seinem Vater abhängig. Beide könnten lernen, einen neuen Weg der Wertschätzung auf Augenhöhe zu finden. Dies setzt jedoch voraus, dass es Tom bewusst wird!

Dein Unterbewusstsein ist unschlagbar

Wie erkennen wir also, dass wir unserem inneren Navi blind folgen? Nun, zunächst einmal ist es ja durchaus positiv, dass wir eine Instanz in uns haben, die alle Erlebnisse und Erfahrungen auswertet. Schließlich reicht es, wenn wir einmal an die heiße Herdplatte fassen oder das Bügeleisen angelassen haben. Es ist also gut, wenn wir daraus lernen und diese Information im Körper abgespeichert wird. Ansonsten müssten wir uns immer ständig alles analysieren, durchdenken und hinterfragen. So aber, warnt uns unser Körper schon viel früher: Spüren wir eine große Wärme an der Hand, wenn sie über der Herdplatte schwebt, so flüstert uns unser Unterbewusstsein schnell zu: „Achtung, sicheres Zeichen dafür, dass die Herdplatte an und sehr heiß ist. Nicht näher rangehen!" Was ist der Vorteil im Vergleich zu unserem Verstand? Untersuchungen haben gezeigt, dass unser Unterbewusstsein in Bruchteilen von Sekunden reagiert. Unser Verstand dagegen braucht mit circa 3 Sekunden sehr viel länger.

Die Begegnung auf dem Flur

Entscheidungen, die in Eile getroffen werden, sind meistens keine guten Entscheidungen, weil wir in diesen Situationen eigentlich etwas ganz anderes im Sinn haben: Du bist auf dem Weg zum Auto, zum Meeting oder zum Yogakurs und genau in dem Moment will jemand eine Entscheidung von dir.
Wenn dich also deine Kollegin auf dem Flur fragt: „Hast du Lust heute Abend mit mir essen zu gehen?" und dein Bauch zieht sich zusammen, dann „spricht" hier dein Unterbewusstsein und sagt: „Nein!" Dein Verstand kommt etwa 3 Se-

kunden später und analysierend sagt er dir: „Hmmm, sie macht gerade eine schwere Zeit durch. Sie braucht bestimmt jemanden zum Reden!" Ehe du dich versiehst, hast du schon „Ja!" gesagt. Dein Bauch zieht sich noch mehr zusammen. Das ignorierst du aber, schließlich hast du gute Gründe und die Entscheidung steht. Dennoch schießt es dir auf dem Nachhauseweg durch den Kopf: „Hoffentlich wird es nicht wieder so spät, wie beim letzten Mal. Ich bin eh schon so müde. Sie findet bestimmt wieder kein Ende. Ich weiß schon, dass wir wieder endlos über ihren Mann sprechen werden. Und ich bräuchte doch den Schlaf. Aber jetzt habe ich ja gesagt und sie wird sich sicher darauf freuen. Sie hat ja sonst keinen. Ich wäre bestimmt auch froh in so einer Situation."

Du siehst unser Verstand analysiert, sortiert und findet immer gute Gründe Dinge zu tun. Vor allem Dinge zu tun, die wir so schon immer getan haben: Gewohnheiten! Unser Gehirn liebt Gewohnheiten, Glaubenssätze und Routinen. Dabei spart es Energie! Gehörst du zu den Menschen, die immer „Ja" sagen, wenn sie gefragt werden, so wie in dem Beispiel eben? Dann ist es auch eine Gewohnheit für dich. Vermutlich steckt der Glaubenssatz dahinter: „Wenn ich „Nein" sage, mache ich mich unbeliebt, denn der andere fühlt sich abgelehnt und wird mich dann nicht mehr so mögen." Ein anderer Glaubenssatz könnte sein: „Freundschaften sind total wichtig, ich muss Zeit und Energie investieren, damit sie erhalten bleiben. Da geht es gar nicht so um mich!" Einerseits erleichtern wir unser Leben, wenn wir unserem Navi folgen, andererseits ist es auch eine große Gefahr, wenn wir ihm „blind" folgen.

Was also tun? Wie können wir unser Navi sinnvoll nutzen und ihm dennoch nicht „blind" folgen? Ganz einfach: Wir sollten ihm „sehend" folgen. Also bewusst. In spirituellen Kreisen spricht man hier von „Erwachen". Ein guter Vergleich zum Verständnis stellt unser Schlaf-Wach-Rhythmus dar: Im Schlaf verarbeiten wir träumend unsere Erlebnisse und Erfahrungen – unbewusst, wir haben kaum Einfluss darauf. Am Tag nehmen wir vieles bewusst wahr und können Einfluss nehmen. Wir sind also aufgewacht, mit anderen Worten „erwacht". Wenn wir nun beginnen unser Navi zu hinterfragen und uns bewusst werden, was eigentlich hinter unseren Entscheidungen steckt, ist das ein erster Schritt zur Veränderung. Ein gutes Zeichen für den Start ist, wenn du bei etwas einen inneren Widerstand spürst. So, wie in unserem Beispiel. Wenn du merkst, dass sich bei einer Entscheidung der Bauch zusammenzieht, dann solltest du deine Entscheidung hinterfragen: „Warum ist da der Widerstand? Will ich das wirklich so? Wenn nein, warum nicht? Warum fällt es mir so schwer, „Nein" zu sagen?

Und schwupps, bist du bei deinen Glaubenssätzen angekommen. Dann kannst du dich fragen: Stimmt es wirklich, dass ich, um anerkannt zu werden, immer „Ja" sagen muss? Was würde passieren, wenn ich „Nein" sage? Ist es wirklich so schlimm?

Du wirst feststellen, dass der Grund „Du möchtest früh ins Bett, weil du müde bist!" völlig ausreicht, um freundlich aber bestimmt abzulehnen. Und es spricht ja auch nichts dagegen einen Termin festzulegen, der besser für dich passt.

Kommen wir also wieder zu der Frage, wie uns Meditation dabei helfen kann, unserem inneren Navi auf die Spur zu kommen. Wie hilft uns die Meditation „sehend" zu werden, und Entscheidungen bewusst zu treffen? So, dass wir mehr im Einklang mit uns selbst durchs Leben gehen können.

Denn, wie wir gelernt haben, ist jeder Gedanke ein elektrischer Impuls, der im Körper etwas bewirkt. Die entsprechenden Hormone werden aktiviert und die dazu passenden Emotionen stellen sich ein. Je öfter wir bestimmte Gedanken haben, desto besser funktioniert dieser Loop: Gedanken – Emotionen – erneut passende Gedanken – Verfestigung der Emotionen und der körperlichen Signale (Bauch zieht sich zusammen, Herz klopft schneller etc.). Dieser Loop ist auf der Körper-Geist-Ebene als Muster tief verankert. Mit der Zeit werden die Anlässe für diesen Loop im geringfügiger – auch Trigger genannt. Wir kennen das aus dem Umgang mit Menschen, mit denen wir häufig Auseinandersetzungen hatten. Zu Beginn brauchte es vielleicht einen handfesten Vorwurf und wir haben verletzt, ärgerlich oder wütend reagiert. Irgendwann reicht ein bestimmtes Wort, dann ein Blick und am Ende die hochgezogenen Augenbrauen. Im schlimmsten Fall reicht der Anblick dieses Menschen und der Loop beginnt.

Der Körper reagiert immer schneller mit den bekannten Anzeichen des Widerstands (sich verletzt fühlen, verärgert fühlen, wütend sein). Der Mensch ist nun mit diesen Gefühlen gekoppelt. Die Gefahr, dass unser Navi uns in die Irre leitet, ist also ziemlich groß. Es braucht viel bewusste Wahrnehmung, um die körperlichen Anzeichen und die Gedanken, die beim Anblick dieses Menschen hochkommen, zu hinterfragen:

- Warum reagiere ich jetzt verärgert?
- Gibt es dafür einen wirklichen Grund?
- Tue ich ihm vielleicht unrecht?
- Hat er wirklich was gesagt oder getan, was meine Reaktion gerechtfertigt?
- Reagiere ich vielleicht über?

Die Chancen stehen gut, dass nicht die tatsächliche Situation für unseren Widerstand, unsere negativen Gedanken und unsere negative Energie verantwortlich ist, sondern das Muster – der Loop!

In der Meditation können wir die Emotionen, die körperlichen Signale und die Gedanken sehr bewusst wahrnehmen. Dazu braucht es keine lange Meditation. Es reicht kurz den Bodyscan durchzuführen, damit der Körper das Signal erhält „Ah, jetzt ist Entspannung angesagt". Im nächsten Schritt nehmen wir die Situation noch einmal wahr. Um bei dem Beispiel zu bleiben, stellen wir uns erneut die Begegnung mit der Kollegin auf dem Flur vor. Sofort sind die verärgerten/verletzten/wütenden Gedanken wieder präsent, die du im Nachhinein hattest. Passend dazu stellen sich Emotionen von Ärger, Wut oder Angst ein, gepaart mit dem Gefühl, das alles nicht zu schaffen.

Das Gedankenkarussell springt wieder an. Aber genau das wollen wir ja nicht. In der Meditation haben wir die Zeit und die Aufmerksamkeit, genau das wahrzunehmen. Wir fokussieren uns nun auf das Gefühl des Ärgers und nehmen ihn bewusst wahr. Wo spüren wir den Ärger? Im Bauch, im Hals oder im Herzraum? In der Stirn, in den Mundwinkeln oder vielleicht in den aufeinandergepressten Zähnen? Vielleicht ballen sich die Hände auch zu Fäusten?

Wir erstellen also eine „Landkarte" dieser Emotion. Meistens beginnt sich der Ärger aufzulösen, wenn wir ihm den Raum und die ungeteilte Aufmerksamkeit geben. Abschließend können wir uns die Frage stellen: „Warum ärgere ich immer wieder so über die Person?"

Vielleicht ist es aber auch so, dass du dich eigentlich über dich selbst ärgerst, weil du wieder nicht „Nein" sagen konntest. Du brauchst nicht nach einer Antwort zu suchen. Die Antwort wird von allein kommen. Wenn sie kommt, dann stellt sich ein Gefühl der Weite und der Erleichterung ein. Und Achtung: Die Antwort hat immer etwas mit uns selbst zu tun. Es geht nicht darum, einen Schuldigen zu suchen. Es geht darum, den Ärger aufzulösen, ihm auf die Spur zu kommen.

Um bei dem Beispiel zu bleiben: Möglicherweise fühlen wir uns von diesem Menschen immer wieder so verärgert bzw. getriggert, weil wir uns unterlegen fühlen. Dieses Gefühl der Unterlegenheit hat etwas mit dem Gefühl „nicht gut genug zu sein" zu tun. Am Ende ist es die Angst, etwas falsch zu machen. Auflösen könnten wir also diese Verbindung „Mensch – Emotion" indem wir uns bewusst werden: Wir müssen ihn nur sehen und das ärgert uns so, weil wir uns dann wieder unzureichend fühlen und Angst haben etwas falsch zu machen. Hier würde es helfen, in die eigene Stärke zu kommen. Doch darüber mehr im nächsten Kapitel.

Wir haben nun unser Navi entlarvt, es hat uns immer wieder bei der Begegnung mit diesen Menschen in dieselbe Einbahnstraße geschickt. Durch die Meditation erkennen wir die Anzeichen sehr schnell und können direkt reagieren. Um bei dem Bild mit der Einbahnstraße zu bleiben, müssen wir nicht erst wieder von fünf Autos angehupt werden, sondern bemerken schon, als wir gerade in die Straße einbiegen wollen: „Stopp, hier ist wieder die Einbahnstraße! Dieses Mal falle ich nicht darauf herein und versuche es mit einem anderen Weg." Bei der Begegnung mit dem Menschen würden wir also schon die allerersten Anzeichen des Ärgergefühls wahrnehmen und auch hier denken:"Halt stopp, ich will mich nicht wieder ärgern. Gibt es wirklich einen konkreten Anlass? Was kann ich tun, um mich nicht mehr zu ärgern?"

Das Gemeine ist, dass diese Loops sehr kraftvoll sind. Es braucht nur einen kleinen Trigger und schon geht der Loop wie ein Feuerwerk los. Ein anderer Ausdruck für „Triggern" ist das „Knöpfe drücken". Wenn also gewisse Menschen vielleicht sogar ungewollt unsere Knöpfe drücken, dann startet der Loop fast automatisch. Desto mehr wir im To-Do- oder gar im Stress-Modus sind, desto mehr übersehen wir die ersten Anzeichen und können den Loop nicht mehr zum Stoppen bringen. Das kann sich dann darin äußern, dass wir jemand anderen anherrschen, der dazu gar nichts kann oder wir insgesamt sehr gereizt reagieren. Je entspannter wir sind, desto weniger schnell kommt der Loop in Fahrt. Allerdings ist ein entspannter Zustand keine Garantie dafür, dass die Trigger nicht wirken. Wir können noch so entspannt sein, es muss nur jemand daherkommen und die richtigen Knöpfe drücken und schwupp di wupp sind wir drin im Loop. Es hilft ungemein, sich dessen bewusst zu sein und auf typische Anzeichen zu achten.

Es erfordert also viel bewusste Aufmerksamkeit und den unbedingten Wunsch, diesen Ärger nicht mehr zu wollen. Nur dann können wir das Muster durchbrechen und den Loop auflösen. Es macht durchaus Sinn, wenn du dir jetzt mal ein paar Minuten Zeit nimmst und überlegst:

✎ Schreibe deine Antworten dazu auf!

- Gibt es bei dir solche Loops?
- In welchen Situationen reagierst du typischerweise sehr emotional (Wut, Ärger, Angst, Groll, Einsamkeit)?
- Wie äußert sich diese emotionale Reaktion?
- Wo in deinem Körper spürst du sie?
- Was ist im Außen geschehen, dass du so emotional reagiert hast?
- Erkennst du ein Muster, das immer wiederkehrt?
- Welche Knöpfe drückt der andere bei dir? Welche Gefühle entstehen?
- Was denkst du ist der Grund für deine emotionale Reaktion? Was steckt eigentlich dahinter?
- An welcher Stelle könntest du anders reagieren? Meist sind die körperlichen Anzeichen ein guter Hinweis: z. B. wenn der Bauch sich zusammenzieht.
- Entscheide dich bewusst für eine andere Reaktion? Welche Alternative gibt es?
- Nimm die Reaktion, die du dir wünschst, mit in deine Meditation auf!

Wenn der Sumpf uns zu verschlingen droht

Es gibt Situationen und Zeiten in unserem Leben, die uns zu verschlingen drohen. Es sind oftmals Umstände, die sich nicht mit einem Trigger erklären lassen. Sie sind so komplex, dass wir keinen Weg mehr rausfinden und der Sumpf uns zu verschlingen droht.

Jenny

Jenny arbeitet schon seit einigen Jahren in einem großen Unternehmen. Ihr Vorgesetzter hat sie für eine neue Stelle in einem Tochterunternehmen empfohlen. Voller Stolz und Energie tritt Jenny die neue Stelle an einem sonnigen Montagmorgen an. Ihre neue Vorgesetzte wirkt sympathisch und stellt sie den neuen Kollegen vor. Eine Kollegin wird ermuntert, sie in ihr neues Aufgabengebiet einzuarbeiten. Jenny freut sich auf die neuen Herausforderungen. An ihrem letzten Arbeitsplatz genoss sie ein hohes Ansehen. Sie war für ihre Zuverlässigkeit und ihre Effektivität bekannt. Oftmals suchten Kollegen fachlichen Rat bei ihr. Einige Tage später kommt die Kollegin mit einer Kopie zu ihr und tippt auf die Zahlen, die Jenny ausgedruckt hatte. Ihr war ein Fehler unterlaufen, der in der Abteilung für Unmut gesorgt hat, weil nun noch einmal alles eingegeben werden muss. Die Kollegin zeigt Verständnis, da das Aufgabengebiet für Jenny noch neu ist. Jenny jedoch rutscht das Herz in die Hose. Sie ist es nicht gewohnt Fehler zu machen und schon tauchen Zweifel auf, ob sie nicht mit dem neuen Aufgabengebiet überfordert ist. Schnell macht sie sich an die Arbeit. In der Mittagspause holt sie sich einen Kaffee in der Teeküche und trifft auf ihre Vorgesetzte. Ob sie auch von dem Malheur weiß? Diese nickt ihr freundlich zu und meint: „Hast du dich noch gar nicht mit diesen Berechnungen auseinandersetzen müssen? Ich war davon ausgegangen, dass du das kannst." Jenny steigt die Hitze ins Gesicht. Es war doch klar gewesen, dass das für sie neu ist. Da die Vorgesetzte jedoch sehr nett zu ihr gesprochen hatte, hält sie sich mit der Antwort zurück und murmelt etwas von: „So richtig nicht!" Mit einem „Wird schon!" verlässt die Vorgesetzte die Teeküche. Jenny fühlt sich gedemütigt, wie ein kleines Mädchen, das seine Hausaufgaben zuhause vergessen hat. Viel lieber hätte sie der Vorgesetzten gesagt, dass der Fehler genau in dem Fachgebiet passiert war, indem sie noch keine Fortbildung gemacht hatte. Sie war davon ausgegangen, dass sie hier eine Fortbildung bekommen würde. Anscheinend ging man wie selbstverständlich davon aus, dass sie das konnte. Ihre Gedanken wirbeln: Oder hätte sie das schon an ihrem letzten Arbeitsplatz machen müssen? Wurde dort etwas versäumt? Vielleicht war das

Thema auch so banal, dass es dazu keine Fortbildung gab – nur sie verstand es nicht?

Einige Tage später hat Jenny eine ähnliche Anfrage auf ihrem Schreibtisch. Mit zittrigen Händen gibt sie die Zahlen ein. Aus lauter Angst wieder einen Fehler zu machen, geht sie zur Kollegin und bittet um Unterstützung. Freundlich aber bestimmt meint diese: „Eigentlich habe ich gar keine Zeit. Hast du das denn vorher noch nie gemacht?" Sie schaut in Jennys verunsichertes Gesicht und mit einem Seufzen erklärt sie es ihr schnell. Jenny geht froh in ihr Büro zurück. Dort wartet schon ein Kollege und verwickelt sie in ein Gespräch. Eine Stunde später begibt sich Jenny wieder an die Zahlen und merkt, dass sie gar nicht mehr richtig weiß, was die Kollegin ihr gezeigt hatte. Einige Stunden später sitzt sie um 21 Uhr immer noch im Büro. Endlich kann sie den PC runterfahren. So müsste es stimmen. Sie schickt das Formular ab und betet, dass alles stimmig ist.

Am nächsten Tag wartet schon ihre Vorgesetzte auf sie. Jenny hat die Nacht kaum geschlafen und fühlt sich völlig ausgelaugt. Sehr freundlich fragt die Vorgesetzte: „Kann es sein, dass du dich überfordert fühlst?" Bei Jenny beginnen die Tränen zu kullern. Ihre Vorgesetzte gibt ihr ein Fachbuch mit, das sie bis Montag lesen soll. Jenny erstarrt innerlich. Das Freundinnen-Wochenende steht an. Sie und ihre beste Freundin haben es seit Langem verabredet. Ihrer Freundin ging es nicht gut in letzter Zeit. Sie würde ihr kaum wegen eines Buches absagen können. Jenny nimmt das Buch. Während des Wochenendes versucht sie immer mal wieder, in das Buch zu schauen. Dennoch quält sie sich am Montag zur Arbeit. Die Angst davor zu versagen, nicht gut genug zu sein ist ein Teil von ihr geworden. Zudem begleitet sie die ständige Sorge: „Was ist, wenn die mich hier nicht mehr haben wollen?"

Jenny ist dauerhaft angespannt, bestrebt keine Fehler zu machen. Doch immer wieder gehen ihr Kleinigkeiten durch. Sie vergisst bestimmte Regelungen und übersieht Dinge, die wichtig waren. Sie versteht die Welt nicht mehr. Sonst war sie doch auch nicht so. Jenny wird zunehmend angespannter. Sie isst kaum noch und Kopfschmerzen sind ihre ständigen Begleiter.

Nach sechs Wochen wird sie zum Gespräch gebeten. Ihre Vorgesetzte und der ehemalige Vorgesetzte sind da. Sehr behutsam vermitteln sie ihr, ob sie nicht überfordert sei und erst mal Urlaub machen wolle. Anschließend könne man über eine andere Stelle nachdenken. Jenny bricht in Tränen aus. Sie kann nicht mehr. Fast dankbar nimmt sie das Urlaubsangebot an. Sie weiß die Freundlichkeit der beiden zu schätzen und dankt ihnen.

Kurze Zeit später beginnt Jenny mit mir zu arbeiten. Wir finden heraus, dass sie schon in der Schule große Angst davor hatte, wenn sie etwas nicht verstanden hatte, „erwischt" zu werden. Das war besonders in Mathe der Fall. Die Mutter, Lehrerin für Physik und Mathematik, hatte eine naturwissenschaftliche

Begabung. Sie konnte einfach nicht verstehen, warum Jenny sich so schwer damit tat. Sie machte ihr zwar nie einen Vorwurf und versuchte es ihr in Ruhe zu erklären. Doch Jenny spürte, dass die Mutter es nicht nachvollziehen konnte. Jenny konnte es ja selbst nicht verstehen, warum sie so lange brauchte. Es wurde erst besser, als sie Nachhilfeunterricht bekam.

Nun waren also in dem neuen Arbeitsbereich von der netten Vorgesetzten genau diese Knöpfe gedrückt worden. Das alte Muster ploppte auf und der Loop nahm seinen Lauf. Anstatt in die Offensive zu gehen und dazu zu stehen, dass sie eine Fortbildung oder Unterstützung brauchte, hatte Jenny sich immer mehr versteckt und war in sich zusammengesunken. Von außen bestätigte sie das Bild, welches ihre Vorgesetzte zunehmend von ihr gewann: Unsicher und überfordert. Dadurch, dass die Vorgesetzte sehr freundlich und empathisch war, suchte Jenny die Schuld allein bei sich. Sie schaffte es nicht, sich aus dem Loop, dem Teufelskreislauf von Angst machenden Gedanken – die Emotion der Angst und erneuten Angst machenden Gedanken zu lösen. Am Ende litt sie unter einer tiefen Versagensangst.

Jenny war zunächst erleichtert als deutlich wurde, dass sie ihrem eigenen Muster zum Opfer gefallen war und wo dieses Muster herkam. Im nächsten Schritt schauten wir, an welcher Stelle sie dieses Muster hätte durchbrechen können.

Der Rat der Freundin: „Dann sag doch einfach, dass du Unterstützung brauchst. Das ist doch ganz normal. Du bist schließlich neu da!", hatte ihr damals wenig geholfen, weil sie überzeugt war, dass alle sowieso schon so nett zu ihr waren. Sie wollte das in sie gesteckte Vertrauen nicht enttäuschen. Sie war überzeugt, dass der Fehler bei ihr lag und das verunsicherte sie umso mehr.

Wir fanden heraus, dass sie selber ganz am Anfang gedacht hatte, dass sie eine Fortbildung braucht und sogar davon ausgegangen war, dass sie diese bekommen würde. Bis dahin hatte sie ein Gefühl der Klarheit und der Stärke. An ihrem letzten Arbeitsplatz war immer ganz klar gewesen, was sie konnte. Dadurch war sie sehr selbstsicher in ihrer Arbeit. Diese Selbstsicherheit hatte sich jedoch zunehmend aufgelöst. In der Meditation nimmt Jenny dieses Gefühl der Selbstsicherheit, der Klarheit und Stärke wieder auf. Sie erinnert sich an früher. Sie spürt die Stärke in ihrem Körper. Sie lehrt ihren Körper, wieder diese Stärke und Klarheit zu spüren. In der Meditation ist sie stark und klar. In dieser Zeit ruft sich Jenny das Gefühl aus der Meditation immer wieder ins Bewusstsein. Bewusst übt sie es der Verkäuferin gegenüber, im Hotel, als sie nach einem besonders schönen Zimmer fragt oder als sie dem Handwerker ganz klar zum Ausdruck bringt, was sie von ihm will. Nach wenigen Wochen, kann Jenny das Gefühl der Klarheit und Stärke jederzeit abrufen. Wir erarbeiten, dass sie das Gelernte nun auch auf die Arbeit überträgt. Sie vereinbart ein

Gespräch mit ihrer Vorgesetzten. Vor dem Gespräch „übt" sie in der Meditation in der Klarheit und Stärke zu bleiben. Sie nimmt wahr, wie sie sich bewegt und spricht, wenn sie ganz klar und stark ist.

Vor dem Gespräch ist Jenny naturgemäß aufgeregt, dennoch holt sie das Gefühl der Klarheit und Stärke immer wieder in ihr Bewusstsein. Mit einem Lächeln betritt sie das Zimmer der Vorgesetzten. Sie hat diesen „Film" nun schon so oft in ihrem Kopf gedreht, dass es fast von alleine läuft. Bestimmt legt sie der Vorgesetzten dar, warum es von Beginn an nicht gut gelaufen war. Sie listet ihr die Arbeitsbereiche auf, die zu ihren Stärken gehören, und legt dar warum sie in dem einen Fachbereich eine Fortbildung oder Unterstützung braucht. Sie bittet um eine zweite Chance. Die Vorgesetzte zögert und benötigt etwas Bedenkzeit. Nach zwei Tagen bekommt Jenny die Nachricht, dass sie eine zweite Chance und eine komprimierte Unterweisung durch einen Kollegen erhält. Allerdings wird sie ein Wochenende investieren müssen, um die Inhalte aufzuarbeiten. Jenny ist mehr als dankbar. Sie weiß, dass sie die Meditation nun täglich weiterführen wird. Damit ihr Körper und Geist in der Stärke und in der Klarheit bleibt. Das alte Muster wird nun von einem neuen Muster abgelöst. Merkt sie die alte Unsicherheit und das Bedürfnis sich zu verstecken, lässt sie den Gedanken keine Chance mehr und spricht das Thema offen an. Sie ist nun bereit, sich Hilfe zu holen und Zeit zu investieren, um ihre Defizite aufzuarbeiten. Durch das „Training" in der Meditation geht ihr der Arbeitsalltag immer leichter von der Hand. Sie befindet sich nun in einem positiven Loop: Sie ist stolz, wenn sie es schafft, nach Hilfe zu fragen. Dadurch stellt sich das Gefühl der Stärke ein. Dieses Gefühl führt zu den passenden Gedanken: „Ich kann viel, aber eben nicht alles. Und ich bin bereit es zu lernen!"

Vielleicht liegt dein Sumpf ganz woanders und es hat gar nichts mit der Arbeit zu tun. Dennoch ist es die gleiche Vorgehensweise:

- Nimm die Situation, die dich runterzieht wahr.
- Was genau zieht dich so runter? Welches Gefühl herrscht vor? Welche Gedanken tauchen immer wieder auf?
- Woher kennst du das Gefühl aus deiner Vergangenheit → aus den letzten Jahren → aus dem frühen Erwachsenenalter → aus deiner Kindheit?
- Kannst du identifizieren, welche Knöpfe gedrückt wurden?
- Manchmal hilft auch der Perspektivenwechsel: Wenn es deine beste Freundin/Freund wäre, welchen Rat würdest du geben?
- Welches positive Gefühl willst du anstatt des negativen Gefühls. Welche Gedanken untermauern das Gefühl?
- Woher kennst du das Gefühl aus deiner Vergangenheit? Führe dir die Situation vor Augen und übe, das Gefühl wahrzunehmen.

- Gehe in den Zustand der Meditation. Führe den Bodyscan durch und komme in eine ruhige Atmung. Komme ins Fühlen. Fühle das Gefühl, welches du zukünftig spüren möchtest (z. B. das Gefühl der Stärke). Lasse es ganz groß und weit werden. Wo genau fühlst du es? Wenn es dir schwerfällt, rufe dir die dazu passende Situation wieder vor Augen. Versuche das Gefühl zunehmend ohne die Erinnerung zu spüren.
- „Drehe einen Gedankenfilm" für zukünftige Situationen. Du bist darin die Hauptdarstellerin. Du siehst dich nicht von außen, sondern nimmst dich so, wie jetzt auch von innen wahr: Was fühlst du? Wie bewegst du dich? Wie sprichst du? Welche Mimik und Gestik nimmst du an dir wahr? Und auch: Was trägst du? Wie fühlst du dich in deiner Kleidung? Welche Geräusche im Außen „hörst" du? Was „siehst" du? So, als wenn du wirklich in der Situation drin wärst.
- Übe regelmäßig und die Erfolge werden sich bald einstellen.

Leichtigkeit ist Trumpf

Nun also die Leichtigkeit. In unserer Gesellschaft zählt häufig das, was schwer geht. Erst dann hat es einen Wert: Viel und schwer arbeiten, Sport bis zum Umfallen, völlig gestresst sein, viele Termine haben oder so richtig ackern. Das hat Wert! Wer Erfolg haben will, muss bereit sein, schwer dafür zu arbeiten. Wer das nicht will, muss damit leben in der grauen Masse der mäßig erfolgreichen oder gar erfolglosen zu schwimmen. So heißt es und so wird es uns oft genug vermittelt. Aber ist das wirklich so? Wenn du auf dein Leben zurückblickst: Wann warst du erfolgreich? Hat sich der Erfolg eingestellt, weil du so geackert hast oder weil es einfach genau das Richtige für dich war. Weil du im Fluss – im Flow warst und weil es genau dein Thema – deine Leidenschaft war? Sicherlich stellt sich der Erfolg auch ein, wenn wir schwer arbeiten. In der Regel jedoch sind wir erfolgreicher, je mehr uns eine Sache liegt und wir unsere Leidenschaft dafür ausleben können. Ganz einfach gesagt, etwas was Spaß macht und was wir können.

Was heißt hier Erfolg?

Mit Erfolg meine ich nicht unbedingt, dass du einer der Top 10 Manager oder Unternehmer sein musst. Ich meine damit auch nicht, dass du unentwegt die Karriereleiter raufkletterst oder politisch erfolgreich bist. Und ich meine auch nicht den Umstand, dass du wie ein Top-Star bewundert und geliebt wirst.

Jeder hat vom Erfolg eine ganz andere Definition. Erfolgreich bist du auch dann, wenn dir dein Hobby Spaß macht und du mit Stolz auf das Ergebnis schaust.

- Wenn der selbstgebackene Kuchen superlecker schmeckt.
- Wenn das von dir gemalte Bild so gut geworden ist, dass du es gerne anschaust.
- Wenn du, obwohl du Höhenangst hast, den Kletterparkour geschafft hast.
- Wenn du mit deinem Vorgesetzten ein längst fälliges Gespräch so geführt hast, dass das Ergebnis deinen Vorstellungen entspricht.
- Wenn du ein Sofa kaufen wolltest und es direkt im ersten Laden zu einem akzeptablen Preis gefunden hast.
- Wenn du einen Rabatt aushandeln konntest.
- Wenn du endlich mal wieder beim Tennismatch gewonnen hast.
- Wenn du eine Yogahaltung einnehmen konntest, von der du geglaubt hast, du schaffst es nicht.
- Wenn du ein Gedicht geschrieben hast.
- Wenn du für jemanden die richtigen Worte gefunden hast.

- Wenn du jemandem eine Freude gemacht hast.
- Wenn du jemanden zum Lachen gebracht hast.
- Wenn du im Meeting genau das Richtige gesagt hast.

Du siehst, Erfolg kann sehr unterschiedlich sein. Woran misst sich Erfolg? Einzig und allein daran, dass es sich für dich gut anfühlt. Du kannst den Zuschlag für die ersehnte Position bekommen, aber wenn du dabei ein ungutes Gefühl hast, weil du Angst vor der Mehrarbeit hast – ist es dann ein Erfolg?

Erfolg ist eine Mischung aus einem Gefühl von Freude, Stolz und Belohnung. Wann also hast du dich das letzte Mal erfolgreich gefühlt? Überlege dir mindestens fünf Situationen und spüre dann in dich hinein: Wo fühlst du den Erfolg? Im Bauch, im Brustraum, in den Mundwinkeln, in den Augen, in der Kehle? So erstellst du eine Landkarte für die positiven Gefühle. Vielleicht hast du auch das Gefühl gar nicht erfolgreich zu sein. Möglicherweise hast du dir das Empfinden in der Vergangenheit versagt. Achte in der nächsten Zeit einmal darauf. Klopfe dir wirklich auf die Schulter, wenn dir etwas gut gelungen ist. Lerne, erfolgreiche Momente wahrzunehmen.

In meinem Alltag spüre ich das Gefühl von Erfolg, wenn ich ein neues Gericht ausprobiert habe und es ist ganz still am Tisch, weil es den Kindern so gut schmeckt. Ich fühle diese Mischung aus Stolz, Freude und Belohnung, wenn ich eine Blume gekauft habe, sie auf dem Tisch arrangiere und immer wieder mit Freude dahinschaue. Erst vor zwei Tagen, habe ich dieses blubbernde Gefühl von Erfolg gehabt, als jemand meinen Blogbeitrag mit den Worten kommentiert hat: „Das hast du sooo schön geschrieben!" Ja, dann hüpft mein Herz vor Freude.

Dein Herzensweg

Und schon sind wir bei unserem Thema mit dem Herzen. Wusstest du, dass wir von einem elektromagnetischen Feld umgeben sind? Genauer gesagt strahlen wir elektromagnetische Strahlen aus. Dabei strahlt unser Herz ganz besonders stark aus.

Die Aussprüche: „Wir haben eine Wellenlänge", „Er oder sie strahlt etwas Negatives/Positives aus", bringen genau das zum Ausdruck. An anderer Stelle hatte ich dir schon erzählt, dass wir aus unzähligen Atomen bestehen. Diese Atome bestehen zum Hauptbestandteil aus Energie. Wir bestehen also im Hauptbestandteil aus Energie. Die Energie unseres Herzens ist besonders groß. Sie wird umso größer, desto mehr wir in einer positiven Energie sind: Liebe, Freude, Dankbarkeit, Mitgefühl und Güte. Diese Emotionen lassen unsere Energiefrequenz steigen und wir kommen – Achtung aufgepasst – in die Leichtigkeit. Negative Energien, wie Wut, Ärger, Angst oder Trauer senken die

Energiefrequenz und wir fühlen uns schwer. Dann fühlt es sich so an, als wenn die Erdanziehungskraft enorm hoch wäre. Das hast du sicherlich schon erlebt. Doch wie kommen wir in die Leichtigkeit oder anders gesagt, in diese Energie. Wir kommen in diese Leichtigkeitsenergie, indem wir in der Meditation tief in den Brustraum und ganz speziell ins Herz atmen. Gleichzeitig kommen wir in die Energie von Liebe, Freude, Güte oder Dankbarkeit. Es ist ein Gefühl, als wenn dein Herz aufginge.

„Ein fröhliches Herz
entsteht normalerweise nur aus einem Herzen,
das vor Liebe brennt."
Mutter Teresa

Wie geht das nun konkret?

Du atmest also in dein Herz hinein. Immer tiefer und immer langsamer. Zur Unterstützung kannst du beide Hände auf dein Herz legen. Kannst du dein Herz spüren? Kannst du spüren, wie dein Atem dein Herz aktiviert? Wenn du das Gefühl hast, dass du dein Herz durch deinen Atem erreichst, folgt der nächste Schritt. Du kommst nun in die höhere Energie, indem du die Liebe, Freude oder Dankbarkeit spürst. Wie machst du das? Du erinnerst dich an die Menschen in deinem Leben, die du liebst. Vielleicht denkst du auch an dein Haustier oder an deine Pflanzen. Ganz egal, an was du denkst, die Hauptsache ist, dass du das Gefühl der Liebe spürst. Das du fühlst, wie die Liebe dein Herz öffnet, es weit macht. Zunehmend wirst du die Energie spüren. Zunächst merkst du vielleicht, dass dein Herz stärker schlägt und dass sich ein Prickeln im Brustraum ausbreitet. Vielleicht auch ein Gefühl von Wärme. Je mehr du ins Herz atmest und in dieser Energie der Liebe bleibst, desto stärker wird die Energie – also die Bewegung im Brustraum und damit die elektromagnetische Energie. Du wirst spüren, wie sich ein Lächeln in deinem Körper ausbreitet, ein Wohlbefinden.

Die kleine Herzensmeditation 🅔

- Setze dich bequem hin…
- Nimm dich selbst wahr, wie du sitzt.
- Nimm deine Stimmung wahr und beobachte für einen Moment deine Gedanken.

- Führe den Bodyscan durch. Bleibe mit deiner Aufmerksamkeit sehr bewusst in jedem Körperteil.
- Richte dann deinen Fokus auf den Atem. Fühle, wie der Atem ein und aus geht.
- Atme in deinen Brustkorb, in dein Herz hinein. Lasse den Atem tiefer werden. Atme immer langsamer ein und aus.
- Stelle dir vor, wie du mit deinem Atem deine Herzenergie aktivierst. Denke an all die Menschen und Lebewesen, die du liebst. Fühle diese Liebe. Lasse dein Herz sich öffnen – durch diese Liebe und für diese Liebe.
- Spüre das Gefühl der Liebe ganz intensiv. Fühle, die Dankbarkeit für dein Herz und für die Lebewesen, die du liebst. Fühle die Dankbarkeit ganz intensiv.
- Fühle die Freude, am Leben zu sein. Fühle die Freude, so ein wunderbares Leben voller Fülle zu haben.
- Bleibe in dem Gefühl, folge deinen Gedanken nicht, sondern intensiviere das Gefühl. Lasse es stärker werden. Lasse dich vom Gefühl durchfluten.
- Setze dir die Intention, das Gefühl mit in deinen Tag zu nehmen. Lasse das Gefühl der Liebe, der Freude und der Dankbarkeit immer mehr Bestandteil deines Tages werden.

Genau das kannst du auch mit der Freude oder der Dankbarkeit praktizieren. Solltest du also mal schlechter Stimmung, also in einer niedrigen Energiefrequenz sein, kannst du durch diese kleine Herzensmeditation in eine höhere Energie und damit in eine bessere Stimmung kommen.

Eine positive Stimmung fühlt sich immer leicht an. Es ist ein Gefühl, als wollten wir wieder wie ein Kind hüpfen und springen. Wir gehen viel aufrechter und werden gleich ein paar Zentimeter größer.

So kommst du in die Leichtigkeit. Wenn du das jeden Tag für etwa 10 Minuten praktizierst, hast du schon ganz viel für dich und deine Energie getan. Diese höhere Energie führt nämlich dazu, dass du das Gefühl hast, so richtig viel Power zu haben: „Ich fühle mich so richtig fit." „Jetzt habe ich Lust, was Neues zu machen." „Ich könnte Bäume ausreißen." Möglicherweise sind es solche Gedanken, die du dann haben wirst.

Die Dankbarkeit

Dankbarkeit führt zu weniger Ängsten, zu mehr Vorfreude und zu mehr „Nachfreude". Komisch eigentlich, dass dieser Begriff nicht existiert. Was gibt es Schöneres, als nach einem Urlaub in Erinnerungen zu schwelgen? Oder sich ein witziges Erlebnis in Erinnerung zu rufen und im Nachgang noch mal darüber zu lachen. Erst neulich saß ich im Auto und mir fiel eine gemeinsame

Unterhaltung mit einer Freundin ein. Sie hatte eine Frage in den Raum gestellt und ich bezog die Frage als Aufforderung auf mich. Wir mussten beide herzhaft lachen, als sich herausstellte, dass ich sie missverstanden hatte. Das ist nun schon viele Jahre her und dennoch bringt es noch heute zum Lachen. Ich weiß noch, wie empört ich damals war. Ja, für diese kleinen Episoden bin ich dankbar. Wenn wir uns bewusst machen, dass wir dafür dankbar sind und uns darüber freuen, dass die Ereignisse stattgefunden haben, dann sind wir für ähnliche zukünftige Ereignisse viel offener. Wir werden einen Blick dafür entwickeln. Letztlich trainieren wir nämlich unser Gehirn dafür. Wir setzen Marker bzw. Wegweiser: „Schau, liebes Gehirn, danach sollst du Ausschau halten. Da will ich hin."

Sicherlich kennst du den ein oder anderen Menschen, der schon im Vorhinein zum Ausdruck bringt:„Das wird wieder schwierig." „Ich weiß jetzt schon nicht, wie ich das schaffen soll." „Es wird bestimmt regnen." Sie sind Meister darin, das Negative vorher zu sagen. Im Nachhinein bestätigen sie gerne: „Ich hab es ja gewusst. Habe ich doch gleich gesagt." Sie fokussieren sich also auf das Negative. Nicht selten sind es Menschen, denen ungewöhnlich viel Unglück widerfährt. Es sind Menschen, bei denen man unwillkürlich denkt:„Der/die hat aber auch wirklich Pech!" Mit dem Wissen, das du jetzt hast, kannst du dich fragen: Ist das wirklich so? Haben diese Menschen wirklich mehr Pech? Oder ist es eher so, dass sie den negativen Ereignissen viel mehr Raum geben? Damit entsteht zwangsläufig das Gefühl, dass sich alles gegen einen richtet und das Leben wahnsinnig schwer und ungerecht ist. Sie fühlen sich als Opfer ihrer Umstände. Wenn wir hingegen wertschätzen, was wir selbst geschafft haben und was das Leben uns schenkt, geben wir den positiven Ereignissen viel mehr Raum. Unser Leben fühlt sich reich an. Wir haben das Gefühl, jeder Tag beglückt uns mit schönen Momenten.

✎ Mache es dir zur Gewohnheit, jeden Tag zu überlegen: Wofür bin ich dankbar? Versuche, mindestens 10 Dinge oder Umstände zu finden. Wichtig ist auch hier: Fühle die Dankbarkeit. Du kannst die 10 Dinge aufschreiben oder sie dir in einer kurzen Meditation bewusst machen. Ich tue das manchmal vor dem Einschlafen. Sehr oft praktiziere ich das jedoch, während ich mit unserem Hund morgens spazieren gehe. Wenn ich merke, dass ich schon zur frühen Stunde sorgenvolle Gedanken pflege, füge ich einfach meine kleine Dankbarkeitsmeditation ein. Oder während des Kochens. Eigentlich ist es egal, wann du das tust. Hauptsache du tust es.

Hin und wieder nutze ich die Dankbarkeitsmeditation, wenn ich merke, dass ich in diesen Sumpf aus negativen Gedanken gerate. Wenn ich das Gefühl habe, alles hätte sich gegen mich verschworen. Häufig passiert das, wenn ich gestresst bin. Mithilfe der Dankbarkeitsmeditation komme ich wieder in einen anderen Modus.

Übrigens, es müssen nicht immer die großen Dinge unseres Lebens sein, für die wir dankbar sind. Oft sind es die kleinen Dinge, die kleinen Gesten unserer Mitmenschen für die wir dankbar sein können.

Nicht die Glücklichen sind dankbar.
Es sind die Dankbaren, die glücklich sind.
Francis Bacon

Hier ein paar Beispiele für die große Dankbarkeit:
- für den Frieden in unserem Land
- für die Gesundheit meiner Familie
- für meine Gesundheit

Du merkst, es sind eher allgemeine Umstände, die ihre Gültigkeit über Jahrzehnte, wenn nicht für immer haben.

Die kleine Dankbarkeit
- für die Sonnenstrahlen, die mein Gesicht berührt haben
- für das Treffen mit meiner Freundin
- für die motivierenden Worte meines Mannes
- für das Lächeln meines Kindes, als ich es gelobt habe
- für die wunderschöne Rose, die so toll duftet in meinem Garten
- für den schönen Filmabend
- dafür, dass ich so kuschelig in meinem Bett liegen kann
- dafür, dass ich so tief geschlafen habe
- für das Lächeln, das mir jemand geschenkt hat
- dafür, dass mein Kind oder Partner die Prüfung geschafft hat

Du wirst merken, mit der Zeit wirst du für diese vermeintlich „kleinen" Dinge eine immer größere Dankbarkeit empfinden. Diese kleinen Momente machen dein Leben wertvoll. Sie sind es die dir Kraft, Mut und Zuversicht schenken. Je mehr du die Dankbarkeit in deinem Leben pflegst, desto weniger Angst wirst du vor der Zukunft haben. Dein Gehirn hat seine Struktur verändert. Die Neuronenschaltkreise sind neu zusammengewachsen und es gibt nun mehr Neuronenschaltkreise für die positiven Ereignisse in deinem Leben. Glaube mir, wenn du dieses Dankbarkeitsritual in deinem Leben regelmäßig täglich praktizierst, dann wirst du wunderbare Veränderungen in deiner Wahrnehmung erfahren. Es wird sich so anfühlen, als habe das Glück Einzug in dein Leben erhalten.

Nun gibt es noch einen ganz wichtigen Aspekt, den du in deiner Dankbarkeitsmeditation nicht außer Acht lassen solltest. Lerne, dir selbst dankbar zu sein. Erkenne an, was du am Tag alles leistest. Das führt dazu, dass du viel zufriedener mit dir selbst bist und dich selbst viel mehr magst. Vor allem führt es dazu, dass du deine Stärken viel mehr in den Blick nimmst. Deine Ausstrahlung wird sich verändern. Dein inneres Strahlen wird nach außen dringen: Deine Augen beginnen zu leuchten, du lachst mehr und kannst dich mehr über die großen und kleinen Dinge des Lebens freuen. Wundere dich nicht, wenn die Menschen zu dir sagen werden:

„Du strahlst ja richtig!" oder „Du siehst so entspannt aus!" oder „Es scheint dir richtig gut zu gehen!"

Sei auch dankbar für die alltäglichen Dinge
- dass du morgens gut aus dem Bett gekommen bist
- dass du das, was du dir vorgenommen hattest, auch geschafft hast
- dass du noch Einkaufen gegangen bist, obwohl du keine Lust hattest
- dass du ein leckeres Essen zubereitet hast
- dass du genau die richtigen Worte gefunden hast
- dass du es geschafft hast, ein Lächeln auf die Lippen deiner Mitmenschen zu zaubern
- dass du z. B. die Steuern endlich fertiggemacht hast usw.

Erkenne dich selbst an

Du wirst merken, mit der Zeit wirst du immer schneller und einfacher diese Umstände bemerken und wertschätzen können. Feiere dich auch, wenn du etwas Herausforderndes geleistet hast. Kaufe dir das lang ersehnte Kleid oder die Uhr. Schenke dir selbst einen Wellnesstag, eine Extrapause. Genieß deine Lieblingsmusik. Belohne dein Tun mit einer wunderbar cremigen Tasse Milchkaffee und einem Stück Schokolade. Feiere dich bei einem Gläschen Sekt (egal ob mit oder ohne Alkohol). Klopfe dir selbst tatsächlich auf die Schulter: Das tut so gut! Sage dir selbst: „Das hast du gut gemacht!"

Am letzten Wochenende habe ich mir selbst etwas gegönnt, was ich mir bis dahin noch nie geleistet hatte. In den letzten Monaten hatte ich nicht nur einmal meine Komfortzone verlassen: Ich hatte neue Kursformate in die Welt gebracht. Einen Artikel für eine Zeitschrift verfasst und begonnen dieses Buch zu schreiben. Es war fast schon fertig. Ich gönnte mir eine Nacht in einem sehr schönen Hotel. Ich nahm mir Zeit für mich und wertschätzte mein Tun mit dieser Nacht im Hotel. Für etwa 24 Stunden klinkte ich mich aus dem Getöse der Welt und besonders dem unseres Familienalltags aus. Es war für mich mehr als eine Nacht im Hotel. Ich selbst machte mich zum Mittelpunkt meines Lebens. Und bitte, komme nicht auf die Idee zu denken: Ist das nicht auch egoistisch? Dann stelle ich dir die Gegenfrage: Welchen Sinn sollte ein selbstloses Leben haben? Also ein Leben ohne die Beachtung unseres Selbst? Das Universum, die Natur, das Göttliche hat uns unser Selbst geschenkt, damit wir es bewusst wahrnehmen. Genau das ist es, was uns von anderen Lebewesen unterscheidet. Wir sollten unser Selbst hegen und pflegen, damit wir unser Licht in die Welt tragen können – damit es anderen Licht und Wärme gibt. Wäre es nicht geradezu empörend, wenn wir, die ein Selbst – ein Ich – ein Bewusstsein – geschenkt bekommen haben, genau dieses immer wieder in den Hintergrund schieben würden? Wie lange würde unser Auto uns treuen Dienste leisten, wenn wir es nicht pflegen und warten würden?

„Nur in einem gesunden Körper kann ein gesunder Geist wohnen." So werden wir immer wieder dazu angeregt Sport zu treiben, unseren Körper zu pflegen und die entsprechende Hygiene zu wahren. Kaum jemand weiß jedoch, dass dieses Zitat eine verkürzte Interpretation des satirischen Dichters Juvenal ist: „Beten sollte man darum, dass es ein gesunder Geist in einem gesunden Körper sei." Damit kritisierte er seine römischen Mitbürger, die sich mit törichten Gebeten und Bitten an die Götter wandten. Allenfalls solle man um körperliche und geistige Gesundheit beten, so Juvenal. [9]

Ja, wir sollten nicht nur unseren Körper pflegen, sondern auch, vielleicht sogar ganz besonders, unseren Geist:

- Wie sind deine Gedanken überwiegend positiv oder überwiegend negativ?
- Wie viel Selbstliebe schenkst du dir?
- Schenkst du dir Anerkennung?
- Setzt du dich selbst unter Druck?
- Wie ist dein Blick auf deine Umwelt?
- Wie wohlwollend bist du deinen Mitmenschen gegenüber?

Ich möchte hinzufügen: Ein frohes Gemüt und das Bewusstsein für deine Stärken machen dich zu einem wunderbaren wertvollen Menschen auf dieser Welt. Am Ende lassen sich Körper und Geist nicht trennen, sie sind Eins und bedingen sich gegenseitig. Rene Descartes ist der geistige Vater der Trennung von Körper und Geist. Obwohl diese Trennung heute in der Hirnforschung längst als überholt gilt, bröckelt die Mauer der Trennung in der Schulmedizin nur langsam. [10]

---

[9] https://de.wikipedia.org/wiki/Mens_sana_in_corpore_sano
     Im Nationalsozialismus spielte die körperliche Ertüchtigung eine ideologische Rolle. Daher wurde die eigentliche Aussage zweckentfremdet.
[10] https://www.dasgehirn.info/entdecken/meilensteine/rene-descartes-vater-der-leib-seele-theorie

Einerseits wird das Gehirn immer noch als „Chef im Ring" angesehen, andererseits werden Krankheiten noch viel zu oft aus rein körperlichen Aspekten betrachtet. Allenfalls die psychosomatischen Symptome schlagen eine Brücke vom Psychischen zum Physischen. Dass beispielsweise die Wechselwirkungen von Herz und Gehirn oder Bauch und Gehirn gar nicht so sauber zu trennen sind, eröffnet eine ganz andere Perspektive.

Ich möchte behaupten, dass ein lebensfroher Mensch, der seine Aufmerksamkeit auf die positiven Dinge richtet und damit im Körper positive Emotionen auslöst, die wiederum die passenden positiven Gedanken produzieren, zu körperlicher und geistiger Gesundheit beiträgt.

Also Aufmerksamkeit → positiver Fokus → positive Rückmeldung aus der Umwelt → positive Emotionen → positive Gedanken → positive Erfahrungen → positive Energie → ein Gefühl von Leichtigkeit.

Dankbar sein bedeutet also nicht nur „Danke" sagen, sondern es fühlen und auch denken. Ein ganz wichtiges Element ist dabei: Sei dir selbst dankbar für das, was du tagtäglich leistest und bewirkst.

Ich bin sicher, dass Personen, wie Mutter Theresa, die als selbstlos galten, ihr Tun und ihr Leben geschätzt haben. Oftmals haben sie eine große Freude beim Umgang mit anderen erlebt. Sie werden diese Freude gefühlt und „groß" gemacht haben in ihrem Leben. Sie werden ein gutes Gefühl dafür gehabt haben, was ihre Stärken sind. Schließlich sind es meistens Menschen, die ihrer Leidenschaft gefolgt sind.

Wir Menschen sind so unterschiedlich, wie die Schneeflocken, die im Winter vom Himmel fallen. Wir sollten nicht versuchen eine einheitliche Regel zu finden, wie etwas sein sollte – wie wir sein sollten. Wenn jeder Mensch seinen Stärken Raum geben und seinen Leidenschaften folgen würde, dann wäre unsere Gesellschaft sicherlich voller zufriedener glücklicher Menschen. Freude ist übrigens die einfachste und spontanste Form der Dankbarkeit.

Stelle dir vor, du würdest jeden Tag aufwachen mit dem Gefühl: Ein Tag voller wunderbarer Möglichkeiten liegt vor mir. Stelle dir weiterhin vor, du gingest zu Bett mit dem Gedanken: Ach, das war ein Tag voller schöner Momente. Ich bin so dankbar dafür. Wie sehr würden diese kleinen meditativen Momente dein Leben verändern?

Mache dich also auf den Weg! Sei nicht zu ungeduldig und gib dir selbst Zeit für diese Entwicklung – für deine Transformation. Es ist ein Prozess und irgendwann wirst du merken, dass du dich verändert hast. Dass du ganz anders bist als früher und immer öfter so reagierst, wie es für dich stimmig ist. Wenn das passiert, dann bitte ich dich darum: Feiere den Moment. Feiere dich!

Kleine Dankbarkeitsmeditation

- Du kannst die Dankbarkeitsmeditation überall machen und du brauchst nur wenige Minuten Zeit!
- Ob beim Autofahren, beim Kochen, während einer kleinen Arbeitspause, beim Spazierengehen, im Bett liegend oder während du einfach irgendwo innehältst.
- Es ist dir freigestellt, ob du deine Dankbarkeitsmomente aufschreibst oder sie einfach in Gedanken durchgehst.
- Überlege dir mindestens 10 Dinge oder Ereignisse, für die du dankbar bist. Vergiss dich selbst dabei nicht. Sei auch dankbar, dafür was du/dein Körper leistest.
- Füge immer ein abschließendes „Danke" hinzu. Noch effektiver finde ich ein dreimaliges „Danke! Danke! Danke!"
- Ganz wichtig: Fühle dabei die Dankbarkeit. Oftmals mischt sich auch eine Freude dazu. Eine Vorfreude oder eine „Nachfreude" in Erinnerung an das Ereignis oder die Person. Möglicherweise fühlst du auch ein Gefühl des Stolzes auf dich selbst oder auf jemand anderes.
- Schließe diese kleine Meditation damit ab, dass du noch einmal die Dankbarkeit ganz bewusst spürst.

Es ist insofern eine Meditation, als dass du auch hier ins Fühlen kommst und den Fokus auf deine Dankbarkeitsmomente richtest.

Dein Weg in die Veränderung

Hier bekommst du einen Überblick, wie dein Weg in die Veränderung aussehen könnte. Nimm dir ruhig Zettel und Stift dazu.

Bewusstwerden

- Wo in deinem Leben bist du unzufrieden oder gar unglücklich? Kannst du immer wiederkehrende Muster erkennen, die sich durch dein Leben ziehen?

- Was genau willst du verändern? Welche Gedanken und Emotionen willst du nicht mehr? Immer, wenn du diese Gedanken oder Emotionen erkennst, freue dich. Du bist auf einem guten Weg der Bewusstwerdung.

- Ein Signalwort oder ein Signalsatz kann dir helfen, wenn du dich selbst erwischst. Sage dann so etwas zu dir, wie: „Change!" oder „Stopp!" oder „Ich will das nicht mehr!" Letzteres sage ich mir immer, wenn die typischen Gedanken auftauchen, die ich nicht mehr will.

Wo willst du hin?

- Du weißt jetzt, was du nicht mehr möchtest. Was möchtest du stattdessen? Welche Emotionen sollen nun in deinem Leben mehr Raum einnehmen? Welchen positiven Gedanken möchtest du mehr Raum geben?

Dein Weg

- Versuche nun die Umstände so zu verändern, dass es auch gelingen kann. Leidest du unter Stress, plane mehr Pausen ein. Leidest du unter dem Gefühl der Wertlosigkeit, erkenne dich selbst täglich mehr an (s. Dankbarkeit).

- Leidest du unter Ärger, Wut oder Ängsten und wünschst dir mehr Freude, dann plane Situationen ein, die dir Freude bereiten. Mache anderen eine Freude, aber vergiss dich selbst dabei nicht.

Deine Meditation

- Nimm das, was du in dein Leben holen möchtest, mit in deine tägliche Meditation auf. Ganz wichtig: Fühle es! Es geht in der Meditation nicht um deine Gedanken, sondern um das Fühlen. Fühle die Lebensfreude und lass sie sich ausbreiten.
- Nutze die Meditation als Trainingslager und lehre deinen Körper das gewünschte Gefühl.
- Sei bereit in dich selbst zu investieren. Meditiere täglich. Du bist es wert, dir die Zeit dafür zu nehmen. Im Vergleich dazu, was sich alles verändern kann, sind 20 Minuten wertvoll investierte Zeit.
- Sei geduldig. Erwarte nicht, dass sich alles innerhalb von 3 Tagen verändert. Gib dir selbst die Zeit, dich an die Meditation zu gewöhnen. Gib dir die Zeit, wirklich ins Fühlen zu kommen. Es lohnt sich!

Nimm die Herausforderung an

- Als ich mit dieser Form der Meditation begonnen habe, nahm ich mir vor: Zwei Monate mache ich das und dann kann ich aufhören, wenn es mir nichts gebracht hat. Du ahnst es schon: Ich habe weitergemacht.
- Rechne damit, dass du zwischenzeitlich aufgeben willst, weil sich scheinbar nichts ändert. Vermutlich wirst du rückblickend feststellen, dass genau da die Veränderungen begannen. Du hast es nur noch nicht gemerkt.
- Du wirst Tage haben, an denen es dir nicht gut geht. Tage, an denen du mitten im Sumpf steckst. Du wirst denken: „Heute Meditation? Nee, danach ist mir heute gar nicht. Morgen wieder!" Gerade dann, ja genau dann, solltest du die Meditation machen. Anschließend wird es dir besser gehen. Genau dann zeigt sich nämlich, wie effektiv die Meditation ist. Genau an diesen Tagen wirst du den größten Gewinn erzielen.

Sei bereit

- Sei bereit für die Veränderung. Das bedeutet auch: Du musst etwas verändern. Es wird nicht vom Himmel fallen. Wenn du glaubst, du müsstest nur meditieren, dann ändert sich alles, dann muss ich dich leider enttäuschen. Die Meditation hilft zwar ungemein, jedoch musst du auch deinen Alltag verändern.
  „Es ändert sich nichts, wenn DU nichts änderst!", sagte einmal eine gute Freundin zu mir.

- Schau also, was genau du in deinem Alltag verändern kannst. Öfter mal „Nein" sagen? Bist du bereit, es anders zu machen als alle anderen? Bist du bereit dafür, dass andere das vielleicht nicht so gut finden könnten?
- Bist du bereit zu dir selbst und zu deinen Bedürfnissen zu stehen?

✎ Erstelle dir eine Liste, was du kurz-, mittel- und langfristig verändern kannst.

Schätze deine Erfolge

- Maßgeblich für das Gelingen der Meditation und für dein Durchhaltevermögen ist, dass du bemerkst, wenn etwas gut geklappt hat.
- Vermeide zu denken: „Na, das war heute gar nicht gut. Ich habe gar nicht abschalten können!" Lege stets den Fokus auf das, was du erreichen willst: Also auf die Momente, die wirklich gut waren. Du wirst merken, dadurch wirst du diese tollen und tiefen Momente immer öfter erleben.
- Schätze auch die Momente im Alltag: Wenn du merkst, dass du das Gedankenkarussell stoppen konntest. Die Momente, in denen du tatsächlich Freude empfunden hast. So werden die kleinen Erfolgsmomente zu einem Dominoeffekt.

Du hast nun genug Rüstzeug für eine echte Veränderung in deinem Leben. Du weißt jetzt, wie du mehr Freude oder mehr Liebe in dein Leben holen kannst. Alles ist möglich!

Vergiss dabei nicht: Das Wissen allein ist wertvoll, doch erst durch dein Tun wird sich dein Leben tief greifend verändern. Freue dich über die kleinen Signale, wenn die Veränderung in deinem Leben spürbar wird:

- Wenn dir mehr Menschen zulächeln.
- Du öfter lachst.
- Du dich immer öfter entspannt fühlst.
- Du genau weißt, was du tun kannst, damit es dir gut geht.
- Wenn dir Menschen sagen: „Du strahlst so!"
- Wenn du immer öfter andere zum Lachen bringst.
- Wenn du zunehmend keine Lust mehr hast, zu klagen oder zu jammern.
- Wenn sich dein Leben „so richtig" anfühlt.
- Wenn du dich dabei erwischst, dass du dich einfach freust – ohne, dass es dafür einen erkennbaren Grund gibt.
- Wenn du das Gefühl hast: Dein Herz quillt vor Freude oder Liebe über.

- Wenn du spontan denkst: „Das Leben ist schön."
- Wenn du das Gefühl hast: Alles ist möglich!

Ich wünsche dir viel Erfolg und Freude dabei!

Was passiert während der Meditation?

Was während der Meditation passiert, erkläre ich dir anhand der Meditation, die du dir herunterladen kannst.

Im Allgemeinen befindet sich unser Gehirn im Alltag im Betamodus. Unsere Sinne sind nach außen gerichtet und wir nehmen alles um uns herum wahr. Das ist der Fall, wenn du einen interessanten Vortrag hörst oder deinem Tagesgeschäft nachgehst. Je mehr Druck wir uns machen, desto höher ist die Frequenz des Betazustandes: Wir sind gestresst. Das kann z. B. der Fall sein, wenn der Schüler dem Lehrer in einem Moment entspannt zuhört und im nächsten Moment die Stresshormone durch den Körper schießen, weil der Lehrer ihm eine Frage gestellt hat, die er nicht beantworten kann. Ähnliches erlebst du, wenn du unter Zeitdruck gerätst, dir etwas wehtut oder du das Gefühl hast, jeder will etwas von dir. Passiert dir ein Autounfall oder du sitzt in einem äußerst unangenehmen Gespräch mit deinem Vorgesetzten, steigt die Frequenz noch mehr. Die Stresshormone jagen durch deinen Körper, die Muskeln spannen an, der Blutdruck steigt. Du bist jetzt im Flucht-Kampf-Erstarrungsmodus. Viele Menschen kommen durch ihre Stress auslösenden Gedanken gar nicht mehr aus dem Betamodus heraus. Entweder passiert etwas Stressmachendes im Außen oder ihre Gedanken und Emotionen führen zur Stressreaktion des Körpers. Wie du inzwischen weißt, befindet sich der Körper dann in einem Zustand, wie ein Land im Krieg: Es geht ums Überleben. Es gibt keine Ressourcen für Regeneration und Kreativität. Die Offenheit für Neues, die der Mensch vielleicht sonst hat, verschwindet. Der Tunnelblick entsteht. Das Gefühl, ich muss funktionieren, sonst läuft mein Leben aus dem Ruder, nimmt überhand. Möglichkeiten etwas zu verändern werden kaum wahrgenommen. Auf Dauer wird ein Land, das all seine Ressourcen nur in die Abwehr steckt von innen ausbluten. Bei uns Menschen sprechen wir vom Burn-out. Depressionen, heftige Schmerzen und völlige Antriebslosigkeit können dafür Merkmale sein.

Durch die Meditation geben wir dem Körper ein Signal von „Keine Gefahr" im Außen: kein Zeitdruck und nur wenige Reize von außen. Körper und Geist „dürfen" entspannen. In der Meditation beginnen wir mit der Körperreise. Wir kommen dadurch vom Kopf ins Fühlen – die einzelnen Körperteile werden wahrgenommen. Langsam „fährt" das Gehirn runter. Es kommt in den Alphazustand. Die Gehirnwellen werden langsamer. Das merkst du auch daran, dass die Gedanken ruhiger werden. Das ist der Zustand indem wir ins Tagträumen kommen oder Gelerntes verarbeiten. Auch in Flowzuständen, wie beim Yoga, Gärtnern, Malen, bei bestimmten Arbeitsabläufen kommen wir in diesen entspannten Alphazustand. Oft spricht man dann auch von meditativen Abläufen. Allerdings handelt es sich meiner Ansicht nach noch nicht um Meditation, denn in den eben beschriebenen Zuständen lassen wir unsere Gedanken im

Allgemeinen fließen. In der Meditation geht es jedoch um mehr. Das erfährst du nun:

Nach dem Bodyscan verfolgen wir unseren Atem. Wir beginnen, tiefer in den Brustkorb zu atmen. Automatisch wird der Atem langsamer. Dadurch schicken wir wieder ein Signal an das parasympathische Nervensystem, das für die Entspannung zuständig ist. Der ruhige Atem setzt eine Kette im Körper in Gang, die dafür sorgt, dass der Körper tief entspannt. Mit dem bewusst herbeigeführten ruhigen Atem, „sagen" wir unserem Körper: „Du darfst entspannen. Es droht keine Gefahr!"

Du bist nun also im Alphazustand und tief entspannt. Doch es geht noch weiter. Im nächsten Schritt wirst du angeleitet ein Licht wahrzunehmen, das sich immer weiter ausbreitet. Das Licht wird sich von innen mit dem Licht im Außen verbinden. Es ist, als wenn sich deine Körpergrenzen auflösen, alles wird Eins. Durch dieses Licht, das sich in deinem Inneren ausbreitet und mit dem Licht im Außen verbindet, wird die „Einheitserfahrung" herbeigeführt. Du fühlst dich ganz weit, leicht und offen. Dadurch wird dem Gehirn Weite signalisiert. Es ist dieses Gefühl von Weite, das du vielleicht aus dem Urlaub kennst. Du hast alle Zeit der Welt und alle Träume scheinen möglich werden zu können. Auf einmal scheint es keine Probleme mehr zu geben oder sie sind ganz weit weg. Dein Gehirn kommt so in den kreativen Modus. Die Innenwelt bekommt mehr Bedeutung als die Außenwelt. Du wirst während der Meditation Ideen bekommen, was du in deinem Leben verändern kannst. Plötzlich fallen dir Lösungen für Probleme ein. Gleichzeitig, ohne dass du es merkst, werden die Verdauung, Regenerations- und Heilungsprozesse aktiviert. Kein Wunder also, dass es heißt: „Meditation hält jung!" Denn ja, biologisch gesehen ist es tatsächlich so.

Im nächsten Schritt wirst du dazu angeleitet, wie du deine Freude wahrnimmst. Dein Körper lernt, die Freude bewusst wahrzunehmen. Du wirst sie wachsen lassen und ausbreiten. Du wirst sie kleiner werden lassen und wieder größer werden lassen. Du trainierst deine Freude wahrzunehmen und sie auf „Abruf" zu spüren. Würde ich dich bitten, mir vom letzten Erlebnis zu erzählen, als du dich geärgert hast, wäre das ein Problem für dich? Vermutlich nicht! Du würdest mir nicht nur davon erzählen, sondern würdest den Ärger gleich wieder spüren. Es reicht schon, wenn du dich jetzt an ein ärgerliches Ereignis erinnerst. Ärgern auf „Abruf" sozusagen. Umgekehrt funktioniert es allerdings auch: Freude auf Abruf!

Für dein Gehirn macht es keinen Unterschied, ob du dich gerade über etwas reales im Außen freust oder durch die Meditation die Freude initiierst. Sicherlich kennst du das: Wenn du deine Stimmung verbessern willst, solltest du 30 Sekunden die Mundwinkel hochziehen, das Gehirn kann ein echtes Lächeln nämlich auch nicht von einem unechten Lächeln unterscheiden. Es kreiert die dazu passende Emotion und schon geht es dir besser. In der Meditation steigern wir das Ganze noch, weil du in einem tief entspannten Zustand bist und nicht nur lächelst, sondern die Freude deinen ganzen Körper durchflutet. Dein Gehirn speichert dieses freudige Ereignis ab und langfristig gesehen veränderst du deine Gehirnstruktur von einem genervten, überreizten Menschen, hin zu einem freudigen Menschen. Voraussetzung ist natürlich, dass du es regelmäßig praktizierst.

Zuviel unbegründete Lebensfreude ist nicht das Problem,
es ist die Lösung.
Alfred Selacher

Durch den entspannten Zustand, die gefühlte Weite und die Emotion der Freude ist die Tür zu deinem Unterbewusstsein weit geöffnet. Tief verankerte Glaubensmuster, Überzeugungen, Prägungen, Bilder und Erinnerungen können nun verändert werden.

Der Keller deiner Seele

Stell dir vor: Ganz tief unten im Keller gäbe es eine Schatzkiste. Sie ist irgendwo vergraben unter dem alten Hausmüll. Du erinnerst dich, dass du als Kind dort mal ein Skelett einer toten Maus hineingelegt hast. Immer öfter musst du daran denken und du ekelst dich davor, diese Schatzkiste zu öffnen. Du erinnerst dich, dass dein Tagebuch auch in der Schatzkiste liegt. Inzwischen bist du erwachsen und du würdest gerne noch mal darin lesen. Doch die Erinnerung an das Skelett schreckt dich ab. Eines Tages überwindest du dich. Du hörst schöne Musik und tauscht die alte Glühbirne im Keller aus. Nun erstrahlt der Keller in hellem Licht. Er wirkt gar nicht mehr so düster. Dafür leider sehr unaufgeräumt: Es herrscht ein Chaos aus alten Farbeimern, nicht mehr gebrauchten Möbeln und Umzugskisten, die nie ausgepackt wurden. Du machst dich auf die Suche nach der Schatzkiste und wirst nach einer Zeit fündig. Leicht angespannt öffnest du sie und spähst vorsichtig hinein. Zu deiner Überraschung, findest du dort gar kein Skelett, sondern nur zwei kleine Knochen. In deiner kindlichen Fantasie ist daraus vermutlich ein Skelett geworden. Du musst schmunzeln und nimmst das Tagebuch. Du erinnerst dich, dass du darin von deiner tragischen ersten Liebe erzählt hast. Mit leichtem Herzklopfen blätterst du durch die Seiten und beginnst zu lesen. Das, was in deiner Erinnerung so tragisch war, hört sich für dich im Nachhinein als Schwärmerei an. Du hast das Gefühl, nicht mehr viel gemein zu haben, mit dem unsicheren Kind von damals. Am liebsten würdest du dein junges Ich in den Arm nehmen oder über den Kopf streicheln und sagen: „Ach weißt du, du wirst noch den richtigen finden. Mach dir keine Sorgen. Genieße es so jung und unbeschwert zu sein!" Vielleicht findest du aber auch ganz andere Worte, die für dich besser passen.

Du packst das Tagebuch wieder in die Schatzkiste und stellst es in ein Regal. Nun ist dir viel leichter ums Herz. Der Schrecken ist gelöst.

In dieser Geschichte stellt der Keller unser Unterbewusstsein dar. Die Schatzkiste steht für die verborgenen Bilder, Erinnerungen, Überzeugungen, Prägungen. Durch die Meditation gelingt es uns, diese Tür zu öffnen und entspannt wahrzunehmen, was dort verborgen ist. In der Entspannung können wir entscheiden, ob wir etwas verändern wollen. So, wie du im Nachhinein festgestellt hast, dass es für dich keine tragische erste Liebe war, sondern eher eine Schwärmerei. Es kann sehr entlastend sein, wenn ein Bild aus der Vergangenheit eine andere Prägung bekommt. Es ist eine Energie, die hochkommen darf und aus Schwere kann Leichtigkeit werden. Im entspannten Zustand öffnet sich die Tür zur Veränderung. Ist der Körper im Stressmodus, sind die Räume die du wahrnimmst, eng und begrenzt, sodass du den Weg in den Keller gar nicht schaffst. Anstatt jetzt vielleicht zu denken, dass du keine Zeit hast, dich auch noch mit solchen Dingen zu belasten, ändere deinen Blickwinkel. Denn mit jeder Meditation schenkst du dir die Möglichkeit zur Entspannung, Regeneration und zur Veränderung. Jede Meditation wird dir Energie schenken und immer öfter wirst du das Gefühl haben: „Jetzt packe ich es!" – was immer es auch ist, was du endlich auf den Weg bringen willst.

Wenn du dir die Meditation noch nicht heruntergeladen hast – hier findest du sie:

https://www.nicolewendland.de/mein-buch/

Passwort: deinemeditation

Mein Weg in die Meditation

Meine beiden Omas ebneten mir den Weg. Die eine Oma praktizierte Yoga beim Kneipp Verein und meine englische Oma praktizierte Tai Chi. Mit etwa 16 Jahren begann ich mich also auch für Yoga zu interessieren. Übte für mich, besuchte einen Volkshochschulkurs als jüngste Teilnehmerin und stellte fest, dass mir das zu spirituell war.

Fortan übte ich mithilfe eines Buches für mich. Viele Jahre später besuchte ich noch einmal einen Kurs, um zu sehen, ob ich auch alles richtig machte. Dazwischen lagen Abitur, Lehramtsstudium, Referendariat, verschiedene glückliche und unglückliche Partnerschaften, Heirat, und zwei Kinder. Im Kurs stellte ich fest, dass meine selbsterlernte Yogapraxis ganz in Ordnung war. Am meisten Freude bereitete mir das Üben daheim, ganz in Ruhe.

Vermutlich praktizierte ich schon immer so was wie Meditation, ich nannte es nur nicht so. Überhaupt mochte ich das ganze Esoterische rund um Yoga und Co. nicht besonders. Dennoch war das nach Innenkehren und ganz bei mir sein, dieses mir Zeit für mich und meine Gedanken nehmen, ein wichtiger Teil meines Alltags - gerade als meine Kinder klein waren. Yoga war mein Anker. Etwas, was ich nur für mich tat.

Nach der Geburt unseres dritten Kindes, begann ich meine Yogalehrerausbildung. Und als die Elternzeit endete, fing ich wieder an als Lehrerin zu arbeiten. In der Yogalehrerausbildung meditierten wir, es war Bestandteil der Ausbildung. Dennoch erfuhren wir damals nichts über die Hintergründe: Wie genau funktioniert Meditation? Warum ist sie so kraftvoll? Was passiert dabei im Körper? Welche Rolle spielt das Gehirn dabei? Damals wurden die Dinge noch nicht so hinterfragt und man berief sich auf die alten Schriften und Überlieferungen. In Bezug auf Yoga lernten wir die anatomischen Zusammenhänge: das Zusammenspiel von Muskeln, Gelenken und den unterschiedlichen Haltungen. Das, was für Yoga die Anatomie ist, ist meiner Ansicht nach für Meditation die Neurobiologie: Also das Zusammenspiel von Gehirn und Körper.

Mir gefielen die Meditationen während der Ausbildung. Ich fand sie ganz nett und versuchte, sie in meinen Tagesablauf zu integrieren. Durch meinen Alltag mit drei kleinen Kindern und meiner Tätigkeit als Lehrerin hatte ich allerdings nicht sehr viel ungestörte Zeit.

Da ich sowieso ein eher ruhiger Mensch bin, hatte ich den Eindruck, dass mich die Meditation nicht unbedingt weiter brachte. Anstatt zu meditieren, legte ich mich lieber mittags eine halbe Stunde hin. Danach fühlte ich mich ausgeruhter und hatte wieder mehr Energie für die zweite Tageshälfte.

So kam ich zu dem Entschluss, dass Meditation wohl nicht das Richtige für mich sei. Ich fokussierte mich auf Yoga und begann Yogakurse zu unterrichten. Ich bemerkte jedoch, dass die Teilnehmer zunehmend nach Ruhe suchten: Endlich mal zur Ruhe kommen, entspannen, ganz bei sich sein. Einerseits war da die Freude an den körperlich bezogenen Haltungen, andererseits war da ein tiefes Bedürfnis loslassen zu können und die innere und äußere Stille genießen zu dürfen. Das bewog mich dazu, zunehmend kleine Meditationen und Achtsamkeitsübungen in den Unterricht zu integrieren.

Die Freude an meiner Tätigkeit als Yogalehrerin wies mir den Weg in eine unbestimmte Zukunft. Ich spürte, dass ich noch etwas anderes machen wollte. Neben meiner Tätigkeit als Lehrerin und Yogalehrerin war ich auch als Coach für Frauen unterwegs. Ich ließ mich von der Schule beurlauben und nahm mir eine Auszeit um mehr Zeit für die Kinder, aber auch mehr Zeit für mich zu haben. Ich begab mich auf eine Reise.

Der Satz: „Ich habe nur dieses eine Leben!" wurde zu einem Leitfaden für das, was ich mir vom Leben noch wünschte. Obwohl ich beurlaubt war und die kinderfreie Zeit am Morgen genoss, merkte ich, dass ich wieder begann, mir die Vormittage so vollzustopfen, dass wenig Zeit für wirklich Neues war. Im Außen hatte sich was geändert, aber in meinem Inneren nicht. Ich war unzufrieden! Einerseits wollte ich meine Tätigkeit als Yogalehrerin und Coach ausbauen, aber irgendwie schienen meine Versuche nicht zu fruchten. Zudem hatte ich mich für ein teures Fortbildungsprogramm verpflichtet, welches, wie sich im Nachhinein rausstellte, überhaupt nicht zu mir passte. Ich war zwar beurlaubt, hatte mir jedoch Strukturen geschaffen, die genauso eng waren wie vorher.

Da begegnete mir dieser Ansatz der Meditation. Es war, als hätte er auf mich gewartet, um genau jetzt zu mir zu kommen. Ich sog all das Wissen über die Hintergründe auf. Endlich verstand ich den Zauber der Meditation, endlich verstand ich, welche Magie sie in unser Leben bringen kann. Der Zauberspruch war: *„Du musst es fühlen! Erst, wenn du es fühlen kannst, dann kannst du es auch sein."*

Ich hatte die Nase voll von schlechter Stimmung, Zukunftsängsten und dem Gefühl „Nichts klappt!" Ich nahm mir vor, diese Meditation für zwei Monate auszuprobieren. Ich meditierte täglich. Ich nahm das in meine Meditation auf, was mir in meinem Leben fehlte: Ich wollte wieder mehr Lebensfreude! Ich war den Druck, die Ängste und die Sorgen so leid. Außerdem wollte ich mich nicht mehr so oft über banale Dinge ärgern. Obwohl es eigentlich gar nicht meiner Persönlichkeit entsprach, war ich zu jemand geworden, der immer was zum Meckern und Jammern fand. Das wollte ich nicht mehr. Ich wollte Lebensfreude, Leichtigkeit und Zuversicht. Diese Emotionen begann ich in der Meditation zu fühlen und zu leben. Ich brachte meinem Körper bei, wie es ist mit diesen Emotionen zu leben. Nicht nur, wenn man einen Blumenstrauß geschenkt bekommt, sondern täglich. All das, was du in dem Buch erklärt und beschrieben findest, habe ich genauso angewendet. Langsam kamen die Veränderungen, die Leichtigkeit und die Lebensfreude. Sicher, es gab auch Zeiten, da hatte ich keine Lust zu meditieren, hatte das Gefühl es bringt nichts, aber ich machte tapfer weiter. Bis heute!

Und ich kann dir sagen: Es hat so viel verändert. Ich begegnete neuen Menschen, die mich inspirierten. Ich tauchte ein in eine neue Welt und mir wurde klar: Dies ist meine Passion. Ich begann, meine Erfahrungen weiterzugeben: in Kursen, Workshops und Onlinekursen. Viele Teilnehmer erlebten diese Form der Meditation so wie ich – als Offenbarung und als Weg in die Veränderung. Ich war fasziniert, wie leicht zugänglich die Meditation auch für Menschen ist, die vorher nichts mit Yoga geschweige denn Meditation zu tun hatten. Was gibt es Schöneres, als wenn ein Teilnehmer diese Meditation zum ersten Mal macht, die Augen aufschlägt, strahlt und sagt: „Das war so schön! Das also ist Meditation!"

Ich habe mir durch die Meditation schon einige Träume erfüllt, habe mein Leben so verändert, dass es zu mir passt. Dieses Buch ist eines meiner lang gehegten Träume. In meiner Meditation sah ich das Buch schon vor einigen Monaten vor mir. Als ich mich am ersten Tag hinsetzte, um es zu schreiben, flossen die Wörter aus mir heraus. Es bereitete mir kaum Mühe, denn alles war schon da. Natürlich bin ich immer noch Mutter, Partnerin, berufstätige Frau, Yoga- und Meditationslehrerin, Coach und Freundin. Noch viel mehr hat sich jedoch im Innen verändert. Ich habe Raum geschaffen, für mehr Freude, Lachen, Leichtigkeit, Zuversicht, Mut und letztlich auch mehr Selbstbewusstsein. In der Meditation können wir einfach sein und wir können in unsere innere Welt reisen. Es steht uns offen, diese Welt so zu gestalten, wie es für uns stimmig ist.

Das Magische geschieht, wenn die innere Welt aus der Meditation immer mehr mit der Welt im Außen übereinstimmt. Ja, wir gestalten unsere Realität selbst: durch unsere Wahrnehmung, unsere Gedanken und unsere Emotionen.

Die Kraft meiner Gedanken nutze ich täglich: Meinen Fokus, meine Aufmerksamkeit richte ich auf das, was ich in meinem Leben haben möchte. Dort geht auch die Energie hin! Das fällt mir nicht immer leicht, manchmal holt auch mich das Jammertal ein. Auch wenn es mir an manchen Tagen nicht leichtfällt, dann praktiziere ich die Meditation erst recht. Und es funktioniert! Nach jeder Meditation stehe ich anders auf, als ich mich hingesetzt habe: Mit einem Gefühl von Leichtigkeit, Inspiration und Tatendrang. So ist dieses Buch entstanden. Meine Welt im Innen und im Außen hat sich verändert. It makes me smile!

Danke!

Ich danke den Menschen, die mich auf diesem Weg begleitet haben. Zuallererst dem Lieblingsmann an meiner Seite, der mir den Anstoß mit den Worten gab: „Willst du nicht mal mit deinem Buch anfangen!" und welcher der erste Leser war.

Weiterhin in chronologischer Reihenfolge: Meinen Eltern, die meine verschiedenen Wege, Umwege und Irrwege stets mit einem „Yes you can!" begleitet haben. Meiner Schwester, die mir immer wieder durch ihre Rückmeldungen den Rücken gestärkt hat. Meiner langjährigen Freundin Juliane, die meinen Plänen stets mit Wohlwollen und Offenheit begegnet ist. Marion, die meine kleineren und größeren Schritte immer mit ihrem herzlichen Lächeln bestärkt hat. Melanie, die mich immer wieder ermutigt hat und meine Begeisterung geteilt hat. Markus, der mich immer wieder auf's Schönste mit seinem „Wow" motiviert hat. All diese Menschen haben mich nicht nur ermutigt, sondern haben auch Anteil an meiner Begeisterung für die Meditation genommen. Und das war so wertvoll für mich, dass es mir Mut gemacht hat, dieses Buch zu schreiben. Mein Wissen und meine Erfahrungen danke ich in vor allem Joe Dispenza, einem großartigen Lehrer und Herzensmenschen.

Außerdem last, but not least gilt ein großer Dank allen, die an meinen Kursen und Workshops teilgenommen haben. Ohne sie würde es dieses Buch definitiv nicht geben.

Literaturempfehlungen

Weiterführende Literatur, die mich sehr inspiriert hat:

Anderson, Gillian; Nadel, Jennifer: Wir: Ein Manifest für Frauen, die mehr vom Leben wollen. Integral Verlag; Auflage: 2, 2017

Braden, Gregg: Im Einklang mit der göttlichen Matrix. Wie wir mit allem verbunden sind. KOHA-Verlag 2007

Dispenza, Joe: Ein neues Ich. KOHA-Verlag 2012

Dispenza, Joe: Du bist das Placebo – Bewusstsein wird Materie. KOHA-Verlag 2014

Dispenza, Joe: Werde übernatürlich. KOHA-Verlag 2014

Eaglemann, David: The Brain. Die Geschichte von dir. Pantheon Verlag; Auflage: 3, 2017

Lipton, Bruce: Intelligente Zellen. Wie Erfahrungen unsere Gene steuern. KOHA-Verlag 2016

Tolle, Eckhart: Jetzt! Die Kraft der Gegenwart. Kamphausen Media GmbH; Auflage: 10. Auflage 2017 (15. März 2010)

William, Mark: Das Achtsamkeitstraining: 20 Minuten täglich, die Ihr Leben verändern. Goldmann Verlag 2015

Yates, Culadasa John: Handbuch Meditation. Arkana 2017

Nicole Wendland ist Lehrerin, Yoga- und Meditationslehrerin sowie Mindshift-Coach. Seit ihrer frühen Jugend praktiziert sie Yoga. Mit viel Freude unterrichtet sie Vinyasa Yoga, Yin Yoga und Meditation.

Sie begleitet Menschen seit vielen Jahren in Veränderungsprozessen zu mehr Lebensfreude und Leichtigkeit. Durch Dr. J. Dispenza entdeckte sie die Meditation für sich neu und unterrichtet sie nach diesem Ansatz in Workshops und Kursen.

Ihr intensiver und einfühlsamer Meditationsunterricht führt die Teilnehmer gezielt in ihr tiefstes Inneres. Ihre Workshops sind geprägt von ihrer unterhaltsamen und kurzweiligen Art, grundlegendes Wissen zu vermitteln: Die neurobiologischen Zusammenhänge der Meditation.

So offenbart sich den Teilnehmern schnell ein Zugang zu ihrer Lebensfreude und ihrer Kraft zur Veränderung – getreu ihrer Maxime: „It will make you smile"

Meditation schenkt dir eine Reise in eine neue Welt.

In ein Universum außerhalb von Raum und Zeit.

Eine Reise zu dir selbst.

Entdecke das Geschenk deines Selbst.

Nicole Wendland